YOANN

HUGET

59, quai Alphonse Le Gallo
92100 Boulogne-Billancourt
www.hugopublishing.fr

Ouvrage dirigé par Clément Ronin
Graphisme de couverture : Emmanuel Pinchon
Photo de couverture : © Ilan Deutsch

ISBN : 9782755672664 / 001
Dépôt légal : janvier 2025
Imprimé en Espagne par CPI Black Print en décembre 2024
sur papier provenant de forêts gérées de manière durable

YOANN HUGET

AUTOBIOGRAPHIE

JE NE VOUS AVAIS PAS DIT AU REVOIR

Hugo Sport

SOMMAIRE

Je ne veux pas finir ma carrière sur une civière

24 avril 2021. Pourquoi ce jour-là ? Pourquoi, tout simplement, alors que j'allais prendre ma retraite de joueur quelques semaines plus tard ? Ce jour-là, le Stade Toulousain reçoit le Racing 92. Ce n'est même pas un match d'une intensité dingue. J'avais marqué le premier essai de mon équipe, mon sixième de la saison. Tout allait bien, jusqu'à cette fameuse 35e minute.

C'est paradoxal. La semaine d'avant, face à Castres, je me sentais bien. Pour la première fois depuis longtemps, je ne ressentais plus de douleurs au talon. Pas le moindre voyant d'alerte. Ugo Mola m'avait proposé de me laisser au repos pour la demi-finale de Champions Cup, la semaine suivante, contre l'Union Bordeaux Bègles. Mais je lui avais répondu : « Tout va bien, j'ai besoin de jouer pour engranger du rythme. » C'est comme ça…

Contre le Racing, je comprends tout de suite qu'il y a un souci, je sais que c'est grave. Parce que, peu de temps avant, Arthur Bonneval avait subi la même blessure en salle de musculation. Au moment où son tendon d'Achille a rompu, il s'est aussitôt retourné en pensant que quelqu'un lui avait shooté dans le tendon ou jeté un truc lourd dessus.

Alors qu'il n'y avait personne autour de lui, qu'il n'avait pas été touché.

J'ai eu exactement la même sensation. Sur l'instant, j'ai cru – c'est idiot, je sais – que l'arbitre de touche m'avait marché dessus. Quand on regarde les images, au moment où je me fais mal, je me retourne et je l'apostrophe : « Mais qu'est-ce que tu as fait ? » Quand je vois qu'il est loin de moi, je comprends que ce n'est pas lui, que c'est le tendon d'Achille. C'est une douleur vive, comme si tu venais de prendre un coup de pied. C'est très intense pendant cinq secondes puis, juste après, tu n'as plus mal.

Au moment où je reste au sol, tout le monde a compris. Paradoxalement, ça m'a permis de rendre mon arrêt de carrière crédible. C'est fou, mais personne ne me croyait quand je parlais de mes douleurs de plus en plus insupportables au fil des mois, des années. Dans le vestiaire toulousain, personne ne pensait que j'avais mal à ce point. Ils me chambraient tous : « Mais oui, bien sûr... Tu vas signer ailleurs. Tu vas signer à l'étranger, au Japon. » J'avais beau leur répondre « Les gars, vous ne vous rendez pas compte, je ne peux plus jouer ! », ça ne changeait rien. Sans doute parce que je ne me plaignais pas, que je faisais ma récup de mon côté, avec mon propre staff médical et sportif, depuis des années. Je ne faisais que colmater les brèches, mais au bout d'un moment...

On m'a raconté que tout le monde autour est catastrophé pour moi. Mais ça, je ne le vois pas. Mon seul but est de sortir du terrain debout. Je ne veux pas finir ma carrière sur une civière. Je ne veux pas laisser cette image-là. Quand je vois arriver la civière, je leur dis : « Non, ce n'est pas possible, vous me rangez ça tout de suite ! » Ils insistent, mais je refuse : « Non, aucune chance que je sorte là-dessus, c'est hors de question. »

Je refuse catégoriquement, ça ne peut pas être la dernière image de Yoann Huget sur un terrain de rugby. Je n'ai pas envie de cela. Déjà que les gens pensent que je me suis souvent blessé dans ma carrière, alors que je n'ai eu que deux blessures graves…

Je sors debout. Je me demande « pourquoi maintenant ? », avec tous ces matchs importants qui arrivent. J'ai réussi à jouer une Coupe du monde avec cette douleur, une grande partie de la saison, et là, il ne reste que cinq, six matchs à disputer pour le doublé… Je pleure un peu dans le vestiaire, mais la morphine fait vite effet. Tous les sentiments se mélangent.

Je veux vite partir. Ne pas voir le regard apitoyé de mes coéquipiers. C'est gentil, toutes ces marques d'affection que j'ai reçues. C'est agréable, même. Mais je n'ai pas envie qu'on me tape sur le dos, qu'on me caresse la tête en me disant « On est avec toi » et tout ça. Je savais que c'était fini, mais à ce moment-là…

J'ai préféré partir avec mon agent sans dire au revoir à personne. Est-ce que j'aurais dû rester ? Je ne sais pas. Je ne crois pas. Je devais partir tout de suite. Il fallait passer à autre chose. Je me retrouve chez moi avec mon agent et Grégory Lamboley qui nous a rejoints. Ma femme et mes filles ne sont pas là ce jour-là.

Très vite, je suis fataliste. Je savais que ça devait arriver à un moment. Je suis presque soulagé, en fait. Parce que, c'est bête et je l'ai déjà dit, personne ne me croyait quand je disais que je souffrais trop et que j'allais arrêter le rugby. Cette blessure justifie mes dires.

Je sais que c'est la fin de ma carrière, je n'ai pas envie de repartir sur une rééducation approfondie, de repousser encore une fois mes limites. Je ne regrette pas de terminer comme ça parce que j'ai vraiment tout donné lors de ma carrière. Je passais ma vie au stade. Je ne pouvais pas donner plus. J'ai toujours donné le maximum, et le maximum s'arrêtait là.

On ouvre deux bouteilles de vin rouge pour trinquer à ma fin de carrière, et voilà. On discute de tout et de rien. Pas de la blessure. Je n'ai pas envie. J'ai d'ailleurs coupé mon portable pour ne pas avoir à raconter mille fois les mêmes choses. J'ai reçu beaucoup de messages de soutien et je n'ai pas pu remercier tout le monde.

Je me fais opérer tout de suite et je reviens voir les copains au club une semaine plus tard. C'est compliqué. Dans ma vie personnelle, ça ne se passe déjà pas très bien à l'époque avec ma future ex-femme. Et sportivement, c'est terminé. Je me retrouve un peu dans une impasse. J'ai surtout besoin de me retrouver, de faire le vide.

C'est arrivé pendant la période du Covid. Je n'ai pas pu dire au revoir, il n'y avait personne dans les stades. C'est comme ça. Et ce n'est pas plus mal. Les tournées d'adieu, ce n'est pas mon truc. Pour mon *ego*, avoir tous mes potes, ma famille dans les tribunes, c'est sûr que ça aurait été sympa. Mais ça m'aurait demandé une énergie folle et je n'avais pas le temps de m'en occuper.

Un jubilé, c'est bien, oui. Mais je me souviens que Sébastien Chabal s'était fait les croisés lors du sien. Et puis, sincèrement, le rugby avait pris beaucoup de place. J'avais besoin de couper. Je considère que ma carrière a été pleine, j'ai célébré des victoires et partagé des défaites avec mes amis. Ce n'est pas ce dernier match qui aurait été le plus important. Je ne le regrette pas non plus, ça. Je regrette seulement de ne pas avoir disputé ces deux dernières finales. Je suis certes champion cette année-là, mais ce n'est pas pareil. C'est cela qui m'agace le plus.

« Tu n'es que de passage, mais quand tu passes, il faut laisser une trace. » J'aimais bien ces mots de Guy Novès. J'avais ça à cœur. Et c'est chose faite. Je sais que, sur les monuments en face du stade Ernest-Wallon, où les années des titres sont gravées, je peux dire : « J'y ai participé. » C'est une fierté personnelle.

Je savais que j'étais en sursis

Ugo Mola a dit aux journalistes, à la fin de ce match, qu'il s'en voulait. Qu'il n'aurait pas dû me faire jouer. Mais c'est faux. C'est moi qui avais pris la décision de jouer. Il m'avait fait venir dans son bureau pour me dire qu'il ne le sentait pas, de m'aligner contre le Racing 92. Mais c'est moi qui lui ai dit que je voulais jouer. C'est ma responsabilité. À 34 ans, je sais si je suis à même de jouer ou pas. Ugo, c'est le boss, c'est lui qui prend la décision finale, mais c'est moi qui avais fait le choix de disputer ce match.

La blessure aurait pu arriver plus tôt. Ou plus tard. Mais je savais que ça allait arriver. Je m'y étais préparé. Je savais que ça ne tiendrait pas indéfiniment. Que le tendon allait finir par péter. Tous les ans, je faisais des IRM et je savais que j'étais en sursis. Qu'un jour ou l'autre, ça se terminerait brutalement.

Finalement, je suis content que ça se soit passé en match. Parce si c'était arrivé à l'entraînement, ça aurait été terrible. Finir sans personne, sans savoir que, quelques jours avant, tu avais joué ton dernier match. Finir comme ça, c'est cool, tout compte fait. Sincèrement. Je suis allé au bout du bout. C'est mieux ainsi. Il n'y a pas de frustration. Pas de regret. Aucun.

C'est donc moi qui avais dit à Ugo que je voulais jouer à Castres et contre le Racing pour monter en rythme avant la demi-finale de Champions Cup. J'avais serré les dents toute la saison pour m'entraîner, pour jouer des matchs. Et je ne peux participer à l'apothéose de la saison, ces demi-finales et finales de Coupe d'Europe et de Top 14.

Pour éviter que ce ne soit trop dur de vivre ce doublé sans y prendre part sur le terrain, je me suis efforcé à être dans l'acceptation. La blessure est arrivée au pire moment, on ne peut rien y faire. Mais c'était dur d'assister à tous ces matchs dans les stades sans jouer.

Car le Stade Toulousain ne me laisse pas de côté. Ugo me propose d'accompagner l'équipe pour les finales. Malgré les enjeux, on part à plus de quarante pour les deux finales, c'est quasiment une colonie de vacances.

Pile deux mois après ma blessure, je suis au Stade de France, pour la finale du Top 14 contre le Stade Rochelais. J'éprouve de la tristesse mélangée à de la joie. La tristesse, au coup d'envoi, de ne pas participer à cette fête. La joie de voir les copains gagner. Comme on n'est ni immortel ni irremplaçable, je m'efforce d'être un relais pour mon club, d'essayer d'amener l'équipe au maximum. J'ai donc un peu parlé à Matthis Lebel avant cette finale. Bien sûr, ce n'est pas le rôle que j'avais prévu, que j'avais envie de tenir. Mais malheureusement… Le doublé a été dur à vivre. J'avais tellement envie d'être sur le terrain.

À partir du moment où je me suis dit « Qu'est-ce que tu fais là ? »...

L'épidémie de Covid, avec son corollaire du confinement, a été une période très bizarre, même si on s'est vite adaptés. Je sortais de plusieurs saisons où je ne voyais pas trop mes enfants, pas trop ma famille. Là, je pouvais m'entraîner chez moi, aller courir. J'avais un mode de fonctionnement que tout le monde n'a pas eu la chance d'avoir. J'étais en bonne santé, je relativisais énormément. J'ai pu prendre soin des miens. Je ne peux pas me plaindre de la période du Covid parce que nous l'avons vécue dans de très bonnes conditions.

Comme on avait un grand jardin, mes filles pouvaient jouer à l'extérieur. Elles n'étaient pas malheureuses. Au contraire, même. Elles étaient épanouies de nous voir ensemble, tous les quatre, de pouvoir enfin partager tous les moments, du matin au soir. C'était comme des grandes vacances pour elles. On leur parlait du Covid, mais vite fait. On a essayé de les épargner le plus possible.

J'ai vraiment profité de ce confinement. J'allais courir le matin, je m'entraînais le soir. Entre les deux, je m'occupais de mes enfants. C'est vraiment ce qui m'a fait prendre conscience que je passais à côté de beaucoup de choses avec elles. C'était génial. Je me suis complètement impliqué auprès d'elles. J'ai adoré cette période-là.

Au fur et à mesure des années, je me suis de plus en plus rapproché de Myla et Romy. Après la Coupe du monde 2019, je n'étais plus en équipe de France, il y a eu la période de confinement liée au Covid, puis ma blessure. J'ai enfin pu être beaucoup plus présent auprès de mes filles.

Je les amenais tous les matins à l'école, j'allais les chercher tous les soirs, je passais énormément de temps avec elles et ces moments sont gravés en moi. J'aime bien voyager avec elles aussi. Pas besoin de faire le tour du monde, même simplement partir pour le week-end, c'est chouette. Tu crées des souvenirs. Quand les enfants t'en parlent encore deux ans après, c'est que ça les a marqués.

Pour moi, le plus dur, ce n'était pas de m'entraîner tout seul à la maison ou le fait de se mettre dix fois par jour ce long coton-tige dans le nez. Le plus dur, ça a été de reprendre et de jouer devant personne. Ça a été le déclenchement de l'arrêt de ma carrière. Je ne joue pas pour me retrouver dans des stades vides. Je n'arrivais pas à trouver une source de motivation. Gagner un match ? Oui, mais pour qui, pourquoi, comment ? Parce qu'à la fin, ce sont les supporters qui te transcendent.

Je me souviens d'un Bayonne-Toulouse dans un stade quasi vide. Avec une petite jauge. Il y avait une pluie terrible, une belle averse bayonnaise. Je vois encore ce couloir, et tout au bout, ce projecteur avec la pluie qui tombe de travers. Là, je me suis dit : « Mais Yoann, qu'est-ce que tu fais là ?

On est samedi, il est 21 heures. Tes enfants t'attendent à la maison. Demain, tu vas rentrer éclaté à 3 ou 4 heures du matin… » Je me suis dit ça tout le long du couloir. Après, une fois sur le terrain, j'ai réussi à switcher. Mais à partir du moment où j'ai pensé ça, il fallait que j'arrête…

Tu as la réponse au fond de toi...

Je démarre la saison 2020-2021 avec un peu moins de douleurs. La saison précédente, arrêtée précocement à cause du Covid, m'a permis de me régénérer. Ça m'a fait le plus grand bien, et ça va enfin un peu mieux. Mais j'arrive en fin de contrat avec le Stade Toulousain et je ne sais pas sur quel pied danser.

Le Stade veut me prolonger d'une, voire de deux saisons. Les discussions sont ouvertes, mais sans plus. C'est assez bizarre, en fait. Mes performances sont bonnes, je parviens à enchaîner les bons matchs, je marque des essais. Mais peu après le début de la saison, fin septembre-début octobre, la douleur revient. Encore plus forte. C'est terrible. Dès le matin. Chaque matin.

Depuis quelques années, j'échange très régulièrement avec Martine Scalzotto, ma psychologue-sophrologue. Je l'appelle chaque semaine pour lui parler de mes entraînements, de mon match, de mon ressenti. C'est une période bizarre. J'ai envie de continuer, mais j'ai mal. Je n'ai pas envie de faire déménager mes enfants, la grande rentre au CP. Et je n'ai pas envie de partir dans un autre club juste pour une saison, ça ne fonctionne jamais sur une durée aussi courte. Je l'ai constaté avec tous mes anciens coéquipiers qui ont fait ça. En un an, on n'a pas le temps de s'acclimater, de prouver.

J'en discute avec Martine. Et ce petit bout de femme me répond : « Tu viens me voir, mais tu as la réponse au fond de toi... » Elle ne m'en dit pas plus. C'est la première fois qu'elle me laisse dans le flou. Pour que je prenne moi-même la décision.

J'ai toujours voulu partir en bons termes avec le Stade Toulousain. Et je sais, à ce moment-là, que si je signe un an de plus, je les trompe. Parce que j'ai ces douleurs, que je suis obligé de me gérer sur les entraînements, alors que je déteste cela. Je suis loin d'être à cent pour cent, mais plus les matchs s'enchaînent, plus je marque, plus mes performances sont bonnes et plus le Stade me relance pour que je signe cette prolongation de contrat.

Les dirigeants pensent que je fais durer parce que je suis en contact avec d'autres clubs, et je me retrouve de plus en plus en porte-à-faux avec le club. Quand je leur dis « Attendez, je ne sais pas trop », ils me répondent « Mais Yoann, pourquoi tu nous la fais à l'envers ? » Alors qu'en fait je ne maîtrise rien.

Puis arrive le match à Pau, le 14 novembre 2020. Je joue quatre-vingts minutes, ça se passe bien, mais juste avant la fin du match, j'ai tellement mal que je me dis : « C'est bon, là, il faut que j'aille leur dire... » C'est une situation bizarre car je n'en ai encore parlé à personne ou presque. Seul un comité restreint est au courant. Mon ex-femme, mon kiné personnel et le doc du Stade. Mais, par exemple, ni ma mère ni mon beau-père ne le savent.

Donc, après ce match, je vais voir le président Didier Lacroix et Ugo Mola. Je leur dis : « Je n'en peux plus, je veux arrêter. Ça peut vous sembler fou, mais j'ai vraiment trop mal… » Comme je n'avais parlé à personne de ces douleurs, tout le monde ignorait que, tous les matins, je mettais une demi-heure pour descendre du lit, que je devais m'échauffer une heure et demie, que je mettais à nouveau une heure et demie pour récupérer de chaque séance. Ça, Ugo et Didier ne le savaient pas, et je sens de leur part un peu d'incompréhension.

Mais ils acceptent ma décision. Qui m'appartient, à moi seul. Ugo veut que je poursuive un an, pour la transmission. Mais pour moi, la transmission, elle ne passe que par le terrain. Tu ne peux pas dire à un mec « Faut que tu joues comme ça, il faut que tu fasses ci » si, toi, tu ne joues pas, si tu ne peux pas montrer l'exemple. Je ne vois pas les choses comme cela en tout cas.

C'est un peu égoïste, mais je me sens soulagé de leur avoir dit. Je le redis, je voulais avant tout partir en bons termes avec tout le monde au Stade Toulousain. C'est ce qui me préoccupait, me tenait à cœur. Ne pas tromper ces personnes qui m'ont aidé durant toute ma carrière. Didier Lacroix a été un point d'appui pour moi depuis mon retour au Stade Toulousain. Il me disait toujours franchement quand ça allait et quand ça n'allait pas. Ugo Mola, lui, a été l'élément déclencheur de ma seconde vie toulousaine.

Mais c'est devenu trop difficile. J'arrive encore à prendre un peu de plaisir pendant les quatre-vingts minutes des rencontres. Pour le reste, ce n'est que de la douleur. Les entraînements, c'est de la douleur. Et pas de la bonne douleur, celle qu'on recherche. Non, là, ce n'est pas supportable. Tous les matins, j'ai envie de pleurer. Et c'est très dur à vivre.

Je décide de voir avec Éric Bayle, le patron du rugby sur Canal +, comment je peux l'annoncer. Parce que les clubs, qui me savent en fin de contrat avec Toulouse, ne cessent d'appeler mon agent. Ils rappellent constamment, et je ne peux rien leur dire. Comme je suis proche de Philippe Saint-André, Montpellier s'est montré très intéressé. Il y a aussi Bayonne, pour un retour, ou encore le Stade Français. Mais ça n'aurait pas été correct de ma part d'accepter l'une de ces propositions.

On décide, avec Éric Bayle, de faire un communiqué pour annoncer que j'arrête et d'expliquer pourquoi. C'est une surprise pour tout le monde. Mais je suis obligé de prendre cette décision. Si je veux être honnête, avec le Stade Toulousain, mais aussi avec les clubs qui souhaitent m'engager, il faut mettre fin à tout ça. Je ne peux pas m'engager ailleurs avec toutes ces douleurs, et je ne peux pas continuer à Toulouse. Surtout pas. Cela n'aurait servi à rien.

Quand tu reçois la lettre du comptable du Stade t'annonçant ton solde de tout compte...

La petite mort du sportif de haut niveau, je ne l'ai pas connue tout de suite. Cette saison-là, le Stade Toulousain fait le doublé Coupe d'Europe-Top 14. Un moment exceptionnel pour le club, auquel je participe à ma manière. Il y a une génération de joueurs qui arrêtent. Jerome Kaino arrête, « Chess » Kolbe quitte le club. On profite une dernière fois tous ensemble. Mais arrive le 30 juin. Et là, ça s'arrête *vraiment*...

Je sors de tous les fichiers. Je ne suis plus répertorié comme rugbyman. Ça, c'est une petite mort. Quand tu reçois la lettre du comptable du Stade t'annonçant ton solde de tout compte, ça fait quelque chose. Je ne connaissais pas cette procédure, et ça me surprend. Tu sors également de tous les groupes WhatsApp. Celui du club, celui des joueurs, celui des cadres. Ton adresse mail, au nom du Stade Toulousain, est supprimée. Tu es effacé...

On a l'impression qu'on te retire ta carte d'identité de joueur de rugby et que tu n'existes plus ! Dans un premier temps, c'est vraiment dur à vivre. Je me souviens de ce moment où je dois leur rendre mon téléphone portable pour qu'ils regardent si tu as encore des contacts avec le groupe. J'avais des rapports très proches et quotidiens avec tout le monde au Stade, les coéquipiers, le staff médical, les personnels administratifs. Et, d'un coup, je perds toutes ces relations, toute cette vie-là disparaît le 30 juin. C'est violent. Tu es en train de discuter avec les gars sur le groupe, et d'un coup, ciao ! C'est comme une rupture amoureuse.

Tu reçois un message t'avertissant que la nouvelle saison commence et que ton numéro va être retiré. C'est normal, mais ça fait bizarre. Tu ressens un gros pincement au cœur de ne plus parler avec ces gens que tu côtoies depuis dix ans… Une fois cela supprimé, tu n'as plus de liens. Tes amis t'envoient toujours des messages, bien sûr, tu peux continuer à les appeler un par un, bien sûr, mais ce n'est plus pareil. Tu n'en reçois plus aucun du club, plus aucun de l'équipe alors qu'on s'envoyait cent conneries par jour. Le 30 juin, tout ça s'arrête d'un coup. Et ce jour-là, oui, tu prends de plein fouet cette fameuse petite mort. C'est la vie qui est comme ça, en fait. Quand tu perds un proche, tu parlais avec lui la veille et, le lendemain, tu dois vivre sans lui. Je l'ai vécu comme ça…

Un lundi matin, tu te retrouves dans la vie réelle. C'est à toi de réserver des billets de train ou d'avion, tes hôtels. C'est à toi de t'occuper de tout. Et tu te trompes parfois en remplissant les papiers. Les gens ne comprennent pas. Ils font ça depuis des années, eux, ils ne réalisent pas que moi je ne l'avais jamais fait. Que le club ou mon agent s'occupaient de tout. Il y a une mise à niveau, une mise en place à faire. Bon, les anciens qui ont arrêté un an ou deux avant toi te donnent quelques conseils. Il y a une entraide entre retraités.

Heureusement, ce jour-là, je suis là où j'ai envie d'être : en vacances avec mes deux filles. Et ça, c'est important. Je ne me voyais pas suivre une rééducation, solitaire et difficile, pour essayer de revenir, de reprendre. Au moins, ça, c'est fini…

Après l'opération, la douleur disparaît. Enfin. Je me dis même : « Pourquoi pas ? » C'est assez bizarre de ne plus sentir de douleurs quand je me lève le matin. Je n'ai plus mal nulle part. C'est bizarre parce que, comme joueur de rugby, j'ai eu mal à mon corps tous les jours pendant vingt ans. Vingt ans sans un seul matin où je ne me suis pas levé sans avoir mal quelque part ! C'est dingue quand on y pense. À chaque réveil, je cherchais où j'avais mal…

Alors maintenant que je n'ai plus de douleurs, je vais me faire mal. Pour retrouver cette sensation. Je m'explose à la course, à la muscu, juste pour avoir ces sensations de courbatures le lendemain matin aux jambes, aux épaules, même si je ne peux plus plaquer quelqu'un. Le rugby, c'est le seul sport où, quand c'est fini, tu ne peux plus le pratiquer juste pour le loisir…

Le rugby, et le sport en lui-même, ne me manquent pas. C'est l'ambiance entre nous, dans les vestiaires, avant les matchs. Plus que les matchs, ce sont les mecs autour de soi au quotidien qui me manquent. Et toujours autant près de quatre ans après…

Je me pète les croisés et tout s'écroule

Mon autre grave blessure, je l'ai vécue lors du match d'ouverture de la Coupe du monde 2015 en Angleterre. Un peu avant le coup d'envoi de la compétition, la presse anglaise m'avait ciblé, montant en épingle une histoire selon laquelle j'aurais piétiné le visage de Jandré Marais lors d'un match de Top 14 entre le Stade Toulousain et l'Union Bordeaux Bègles. C'est à l'époque de l'émergence de Twitter et des réseaux sociaux. Je ne suis pas sanctionné parce que je joue en moulés et que je ne vise pas le visage. C'est vraiment par inadvertance, ce n'était pas du tout pour faire mal à un joueur. Je n'ai jamais marché sur la tête d'un joueur ou quoi que ce soit du genre. Jamais ça ne m'est venu à l'esprit de pouvoir être sanctionné pour un mauvais geste…

La Coupe du monde 2015 arrive enfin. Je suis heureux. Parce que je suis investi dans l'équipe de France, je suis partie prenante du projet. Je suis là où je dois être. Et avec des potes. La préparation se passe bien. Je me sens bien. Tous les voyants sont au vert. Je viens d'avoir ma première fille. Tout est en place. Dans les interviews, je dis que le seul truc qui pourrait me freiner, ce serait une blessure. Quand on arrive à la Coupe du monde, une déchirure du mollet, c'est trois semaines, et c'est fini. Et là, lors de notre match d'ouverture contre l'Italie, je me pète les croisés !

Je sais tout de suite, vu ce que je sens dans mon genou, que c'est fini. La douleur est très vive. Tant que tu n'as pas subi cette grave blessure, chaque fois que tu as une douleur au genou, tu crains que ce soit ça. Mais le jour où les ligaments rompent pour de bon, tu comprends aussitôt que, cette fois, tu t'es effectivement fait les croisés. Quand je vois le visage de Romain Ntamack contre l'Écosse en match de préparation à la dernière Coupe du monde, je sais tout de suite qu'il est victime de cette blessure. Il le comprend lui aussi aussitôt. Au fond de lui, il le sait.

Je sais donc que ma Coupe du monde est déjà terminée. C'est pour cela que les larmes jaillissent tout de suite. Pas des larmes de douleur, même si j'ai très mal, mais de rage, de frustration, de dépit. De me dire que j'ai fait tout cela pour rien, que ma Coupe du monde s'arrête d'entrée. Deux ans de travail et de sacrifices pour en arriver là…

Pour cette Coupe du monde, les organisateurs avaient installé sur place, à Twickenham, un centre de radiographie. Ils m'ont emmené là-bas. Au moins, j'allais être tout de suite fixé sur mon sort. Avant la fin du match, le diagnostic était tombé. Je savais déjà ce qui était endommagé et que j'allais devoir passer par la case opération. En chambre avec Wesley Fofana, on a parlé toute la nuit. J'ai aussi reçu énormément de messages de soutien, de mes coéquipiers, des supporters.

C'est brutal. J'avais réservé une chambre dans la banlieue de Londres, où le XV de France était établi, pour accueillir ma femme et mes filles pendant trois semaines. Le lendemain matin de ma blessure, on me donne mes billets de train : je dois libérer la place pour mon remplaçant. Le staff me remercie pour ces quatre ans, pour mon investissement, et puis voilà. Ça continue, mais sans moi. Je le vis beaucoup plus mal qu'en 2011. À l'époque, je venais seulement d'intégrer l'équipe de France. Cette Coupe du monde n'était pas un objectif affirmé dans ma tête. J'étais déçu de ne pas la disputer, mais ça m'était tombé dessus sans prévenir. Si j'avais pu la faire, tant mieux. Mais la rater, tant pis. En 2015, je suis beaucoup, beaucoup plus déçu. C'était un objectif personnel. J'avais consenti beaucoup de sacrifices pour y être.

Ce qui est étrange, c'est que les gens pensent que je me suis souvent blessé. Ce n'est pas vrai. Je n'ai eu que deux graves blessures dans ma carrière. Mais elles ont été spectaculaires. La première devant tout le monde lors de ce match d'ouverture de Coupe de monde. Et l'autre, la rupture du tendon d'Achille, devant personne, mais qui signe la fin de ma carrière. Mais les gens ont gardé ces deux moments en mémoire…

Je ne sais pas comment fonctionne un bébé...

Lorsque je me romps les croisés contre l'Italie, c'est la période la plus dure, la plus noire de ma carrière. Un moment de détresse parce que tout s'écroule. Tous les efforts et tous les sacrifices que j'avais pu consentir pendant trois ans sont partis en fumée en une seconde. Je suis privé de beaucoup de choses. Quand on arrive à la Coupe du monde et qu'il se passe ça, alors qu'on est prêt physiquement, prêt mentalement… Tout se passe bien, tout est réuni. J'avais engagé des intervenants extérieurs pour arriver au meilleur de ma forme. Et paf ! C'est comme ça…

Le plus dur, c'est de jouer France-Italie, et le lendemain, de se retrouver chez soi. Tout ce que j'avais construit depuis des mois avait disparu du jour au lendemain. Tu passes d'un état où tu marches sur l'eau à un autre que tu n'as pas programmé. C'est une grosse remise en question.

Je n'ai pas le temps de gamberger que je me retrouve à Toulouse, donc. Or, je ne suis pas du tout dans ce *mood*. Je suis en mode Coupe du monde, avec mes coéquipiers et le staff depuis des semaines. Et, sans transition, en seulement quelques heures, je suis chez moi. Je m'en souviens, je n'arrêtais pas de me dire : « Mais qu'est-ce que je fais là ? » Dans ma tête, ça tourne en boucle : « Je ne dois pas être ici, chez moi, avec ma femme et ma fille. » J'ai un rejet de tout. De ma femme. De ma fille, qui a seulement trois mois.

C'est ma première grosse blessure. Je me pose beaucoup de questions. Je n'ai jamais vécu cela. Je me demande comment faire pour revenir. Combien de temps ? À quel niveau ? Je sais que j'en ai pour un an… J'essaie de faire bonne figure devant tout le monde, mais en fait, je sombre. Je me demande sans cesse : « Pourquoi moi ? » J'étais en pleine forme, et cette blessure me tombe dessus. Pendant quatre ans, je n'avais fait aucun écart. Je ne m'étais autorisé qu'une sortie par an. Je voyais très peu ma famille car je n'avais qu'un seul objectif : disputer cette Coupe du monde après avoir raté celle de 2011.

Vraiment, le sentiment qui prédomine, c'est l'incompréhension. Je ne comprends pas pourquoi cela m'arrive à moi. Tout va bien dans ma vie. Je suis marié depuis deux ans, je viens d'être papa. Je ne peux pas dire : « Ça m'est arrivé à cause de… » Il n'y a aucune raison qui puisse expliquer cette blessure.

Du jour au lendemain, tu n'as plus de vie collective. Je me retrouve tout seul à la maison avec un bébé. Ma fille, Myla, est née en juin, et début juillet, je suis parti en préparation avec le XV de France. Je ne suis pas prêt. Je ne sais pas comment fonctionne un bébé. Et je ne peux pas me lever quand elle pleure la nuit, je ne peux pas marcher pendant un long mois. Je suis un poids pour ma femme.

Tu te sens en marge de ta vie de famille, en marge de tes copains quand tu vas au club. Ça a été complexe à vivre, cette période. Très dur. Je regarde la Coupe du monde à la télévision parce que je suis avant tout passionné de rugby. Je continue à regarder les matchs du XV de France. Je deviens son premier supporter. Lors du quart de finale, j'ai mal pour les gars. Je sais tous les efforts consentis, toute l'énergie mise pour espérer rivaliser avec les All Blacks. J'y crois, d'ailleurs, au coup d'envoi. On est français et on sait que tout est possible avec nous. Mais on tombe sur une équipe en mission, la dernière Coupe du monde pour toute une génération qui veut finir en beauté, confirmer son sacre de 2011. Depuis des années, c'est la même équipe qui est tout le temps alignée. Alors que nous… Je suis même en contact avec mes potes de l'équipe de France. Je n'ai pas envie d'être chez moi à ce moment-là.

Une fois l'opération effectuée, je me retrouve tout seul à la clinique Médipôle de Toulouse, un centre de rééducation sportive. Là-bas, je rencontre un jeune garçon qui a eu un terrible accident de moto avec son père. Il a de très graves blessures à une jambe. J'échange beaucoup avec lui et, vu mon cas par rapport au sien, je relativise. Je me retrousse alors les manches. Moi, je vais juste avoir à bosser pour recourir. Cette rencontre m'a permis d'avancer, d'arrêter de me plaindre. Je ne me suis jamais découragé. J'ai été très attentif à mes sensations pour revenir le plus vite possible.

En 2015 comme en 2019, je croyais qu'on pouvait être champions du monde

Je croyais qu'on pouvait être champions du monde en 2015. Comme je le croyais aussi en 2019. Quand je me lance dans une compétition, je ne me dis jamais : « Allez, on y va pour voir… » Avec la culture de la gagne que l'on m'a inculquée au Stade Toulousain, je n'ai jamais pensé qu'on allait perdre. Y compris en finale ou en demi-finale. Parfois, ça ne se passe pas comme prévu. On a bien sûr été sortis en barrages avec Toulouse, mais ce n'est pas dans les mœurs. On croit toujours qu'on va être champions de France. Et parce qu'on est l'équipe de France et que, pendant les Coupes du monde, on arrive régulièrement à se transformer, à se transcender, on croit également qu'on peut remporter la compétition.

Je me souviens d'un échange un peu virulent en 2019. On devait écrire nos objectifs sur des bouts de papier. Certains joueurs avaient inscrit « sortir de la poule », d'autres « être en quart ou en demi-finale »… Non, c'est être champion du monde, sinon ce n'est pas la peine de disputer la compétition ! Certes, il faut prendre en compte ce qu'il s'est passé auparavant, les antécédents. Mais quand on arrive à la Coupe du monde, on efface tout ce qu'il s'est passé pendant quatre ans et on se lance dans la compétition pour la gagner. On est l'équipe de France. On joue au Stade Toulousain. On n'est pas comme tout le monde. On ne peut pas se dire qu'on va juste participer. Moi, je n'ai jamais participé à quoi que ce soit. J'ai toujours voulu gagner.

En 2015, en quart de finale face aux All Blacks, l'équipe de France n'existe pas. Une déroute historique, 62 à 13. Mais est-ce qu'on perd vraiment le match là ou plus tôt, en poule, contre l'Irlande ? C'est un peu le détonateur. Pour moi, on perd la Coupe du monde contre les Irlandais. Car cette défaite nous envoie face aux All Blacks dès les quarts de finale. Or, on sait bien qu'ils sont en mission cette année-là. On l'a vu d'entrée : pas un sourire, toujours en groupe. Ils sont en Angleterre pour venir chercher le trophée. Parce qu'ils savent qu'en 2011, ils ont été décriés après leur titre. Et puis, là, c'est la dernière de Jerome Kaino. C'est la dernière de Dan Carter, de Richie McCaw... De toute l'épine dorsale de l'équipe. Ils ne sont pas là pour rigoler. Il fallait donc les éviter. Après, sur une finale, on aurait pu faire quelque chose, je pense. On aurait eu notre chance. Mais il fallait prendre l'autre côté du tableau, avec l'Argentine...

Là, quand on affronte la Nouvelle-Zélande, on sait très bien ce qui nous attend. Même pas besoin de regarder l'équipe qui va se présenter face à nous, on la connaît par cœur. Du 1 au 15, il n'y a rien qui change. Aujourd'hui, c'est plus compliqué de donner le XV de départ des Néo-Zélandais. Et en 2015, c'est pareil avec l'Irlande, c'est pareil avec les Gallois. On est tombés face à des générations qui, elles, sont installées depuis des années. Des O'Gara, des O'Driscoll, des D'Arcy… Nous, nous n'avons pas cette expérience collective.

L'année d'après, en 2016, l'hypothèse de ma participation aux Jeux de Rio avec France 7 se pose. C'est une envie commune. France 7 me l'a proposé, et ça me tente beaucoup. Malheureusement, c'est trop court par rapport à mon retour de blessure. Je devais disputer deux ou trois tournois à 7 pour me qualifier, et je n'étais pas rétabli à temps pour pouvoir les faire.

Ma rééducation avec les skieurs

Comme tout sportif de haut niveau, après une opération, il faut relever plein de petits défis. Au début, marcher sans que le genou gonfle, puis courir. Je décide de partir effectuer ma rééducation avec les skieurs de l'équipe de France, à Albertville. Parce que ce sont quand même des garçons qui ont l'habitude de se casser les genoux, de se rompre les ligaments. C'était mon choix, mais sur place, je me suis vraiment demandé si c'était le bon ! Parce que j'ai vraiment souffert. C'était horrible. Horrible…

Mon agent avait appelé le préparateur physique de l'équipe de France de ski, et je suis parti là-bas pour une semaine. Dès les premières heures, j'ai compris que j'allais souffrir. Parce que ces mecs-là, ils sont totalement fous ! On était quatre blessés. Le matin, on commençait à 7 heures par la muscu. On est trois mois après ma blessure, et je recours déjà. Je suis dans la phase de réathlétisation. Là, le préparateur me charge la barre à squats en ne mettant que vingt kilos de chaque côté. Avec la barre, ça faisait soixante kilos. Sauf que, moi, j'avais déjà passé des seuils. J'étais entre cent trente et cent quarante, sur de la force pure.

« On s'échauffe ? je lui demande.

– Non, tu commences ta séance.

– D'accord, et tu en veux combien ?

– Ici, on travaille sur des temps des descentes. Mais là, on prend la plus longue, c'est Kitzbühel. Elle dure deux minutes trente. Donc, tu fais des squats pendant deux minutes trente...

– Quoi ? Mais tu plaisantes ? Tu es complètement fou !

– Non, c'est comme ça que l'on travaille ici ! »

Au bout de trente secondes, j'ai déjà les jambes qui tremblent. Je me dis : « Mon genou va me lâcher encore une fois, ce n'est pas possible ! » Bon, ça tient et je vais jusqu'au bout de la séance. Mais la première nuit, impossible de dormir sur mes fesses. Le lendemain, on me dit : « Aujourd'hui, c'est bon, c'est *off*, tu vas chez le kiné. » Je suis surpris. J'étais venu pour travailler. Le préparateur voit que je suis un peu déçu, mais il persiste. « Aujourd'hui, c'est kiné. On se reverra demain. »

J'arrive chez le kiné. Je m'installe sur le ventre parce que je crois que ça va être un massage, pour la récupération. Le gars me dit : « Mais qu'est-ce que tu fais ?

– Tu ne veux pas voir mon genou ?

– Non, je m'en fous de ton genou. Si t'es là, c'est que tout va bien. On va mettre la combinaison avec des électrodes. »

Et là, il m'explique qu'à chaque contraction d'une minute, il faut faire des exercices de squats à vide. J'enfile donc le *bodytech* et il envoie des décharges pour remuscler en profondeur. À chaque contraction, tu dois descendre pendant trente secondes. Horrible ! Je ne pouvais plus marcher.

Quand la semaine s'est terminée, j'ai dit aux gars : « Vous avez vraiment tout mon respect. Vous n'avez pas de site d'entraînement, vous êtes constamment sur la route, vous êtes des baroudeurs, vous vous cherchez des sponsors… » Ils passent leurs journées en voiture, d'un site d'entraînement à Albertville à l'autre, à Chambéry. En soi, ce n'est pas très loin, mais à force, c'est une vraie perte de temps.

Entre midi et deux, ils mangent vite fait dans un restaurant chinois à volonté parce qu'ils doivent faire attention à la dépense. Ça m'a permis de relativiser beaucoup de choses, de m'ouvrir à d'autres sports. Je suis revenu de cette semaine avec un autre état d'esprit. Cette expérience m'a permis de savourer encore plus ce que j'avais sur place, au Stade Toulousain.

J'ai toujours voulu m'ouvrir à d'autres choses

Toutes ces expériences dans d'autres disciplines, d'autres domaines, avec des intervenants extérieurs, ce n'était pas un besoin d'aller voir ailleurs – j'ai toujours fait entièrement confiance au staff de mes clubs –, mais une envie. Je voulais m'ouvrir à d'autres choses, trouver de nouveaux leviers pour toujours progresser. Je faisais ce que le club me demandait, je répondais positivement à tout. Mais je me mettais des charges supplémentaires avec mon préparateur physique personnel.

Il faut avoir confiance pour avancer. J'avais ce rapport de proximité avec Yann Pradel. J'ai commencé à travailler avec lui à Bayonne et j'ai continué à Toulouse. Il faut savoir que, dans un staff comme celui du Stade Toulousain, ils ont cinquante mecs à gérer, à préparer. Connaître chaque besoin de chaque individu, c'est assez ardu. Moi, je me sentais bien comme ça. Et surtout, je n'avais pas envie d'avoir des regrets.

Une phrase d'Arsène Wenger m'a marqué. « Ceux qui sont très forts, ce sont ceux qui ont le plus d'endurance. Qui sont capables de répéter les efforts, non pas sur un mois, sur une saison, mais sur des années. Cette endurance fait que tu te démarques des autres. »

Quand tu démarres une saison, tout le monde est prêt et plein d'énergie. Avec l'envie de se montrer. Pendant la préparation d'avant-saison, je regardais donc les résultats aux tests, les mecs qui s'accrochaient le plus, et j'allais avec eux. Pour voir jusqu'où ils étaient prêts à aller. Tout le monde est bon, la première semaine. Elle n'est pas dure, tu es pris par l'enthousiasme. C'est après que ça devient plus compliqué. La deuxième semaine, ça commence à piquer. La troisième, c'est le mental qui fait la différence. C'est là que tu vois ceux qui continuent à arriver en avance à l'entraînement, c'est-à-dire en même temps que moi. Ceux qui prennent le temps de rester après pour faire les étirements. Pour moi, c'était le meilleur indicateur.

Si tu veux faire une bonne carrière sur la durée, ces efforts, tu dois les répéter tous les jours, toute l'année. Et non par cycles, pas en te préparant bien puis en te relâchant pour te préparer à nouveau quand ça va moins bien. Quand tu as bien fait les choses durant toute ta carrière, à la fin, tu ne cherches pas à prolonger une ou deux saisons de trop. Tu peux arrêter parce que tu es en paix avec toi-même. Tu sais ce que tu as donné et tu n'as rien à te reprocher. Mais cette permanence dans l'effort n'est pas évidente à tenir. Je l'ai acquise au fur et à mesure. Et je l'ai appliquée dès que je suis devenu professionnel. Je me suis construit psychologiquement en faisant ces séances supplémentaires, en m'y tenant toutes ces années durant.

On est dans un monde assez macho, assez masculin, où notre droit de parole est limité. Se plaindre n'est pas bien vu. On ne peut pas dire qu'on est fatigué, qu'on est éreinté, qu'on est blessé.

Je faisais appel à une psychologue-sophrologue, Martine Scalzotto, qui m'a suivi pendant presque dix ans, depuis ma première grave blessure. Je l'appelais chaque semaine. Elle m'a appris à exprimer mes besoins et mes ressentis, comment je voyais les choses. Avec elle, j'ai compris que les réponses, on les a au fond de soi. On le sait, mais on ne veut pas se l'avouer. Elle faisait partie de ma récupération. C'était complémentaire. On échangeait beaucoup par téléphone. Et, une fois par mois, je la voyais pour un massage pendant lequel elle évacuait toutes mes tensions.

Personne ne m'appelle, je reçois juste une convocation...

Nous sommes au début d'octobre 2010. J'ai marqué cinq essais en Top 14 avec Bayonne quand approche la tournée de novembre du XV de France. Personne ne m'appelle, ne me dit quoi que ce soit. La FFR a simplement envoyé un courrier officiel au club. À l'intérieur, il y a tout le descriptif de ma convocation : à quelle heure je dois me rendre à Marcoussis ; comment effectuer la réservation des billets d'avion ; la liste de la dotation que tu vas recevoir... Tout est décrit dans ce courrier.

Ce n'est pas une immense surprise non plus. Généralement, ton nom sort dans les médias les jours précédents. Tu te dis que c'est bon signe, que ça sent bon. Et pourtant, quand je reçois officiellement cette première convocation, quand mes entraîneurs et mes coéquipiers me félicitent, je n'y crois pas trop encore. Il reste un match à jouer avec le club et je me dis : « Si je me blesse, c'est râpé... »

Christian Gajan me donne alors un excellent conseil. « Ton téléphone ne va pas arrêter de sonner. Coupe-le pour rester concentré sur le match que tu vas jouer. Et dimanche, tu pourras profiter de tout cela. » J'ai donc essayé tant bien que mal de faire abstraction de cette première convocation, de respecter ma routine, de ne penser qu'à mon match.

Malgré tout, je n'ai pas pu m'empêcher de penser à la blessure, de crainte de rater le rassemblement à Marcoussis.

Mes proches étaient contents mais ne réalisaient pas vraiment. En fait, tant que tu n'es pas sur le terrain avec le maillot de l'équipe de France, c'est difficile de percevoir la portée du truc, ça reste abstrait.

Marc Lièvremont m'a sélectionné. J'ai donc atteint mon objectif. Je monte à Marcoussis. Tout seul, puisque je suis l'unique Bayonnais convoqué. Et me voilà en récupération dans un jacuzzi entouré de Sébastien Chabal, Lionel Nallet, Damien Traille… Sur le moment, je ne peux m'en empêcher : je me demande ce que je fais là. Mais en fait, je ne me pose pas plus de questions que cela. Je n'ai pas de stress. Je suis dans la projection. Regarder, voir comment ça se passe, enregistrer. La phase de préparation est plus courte qu'aujourd'hui. On arrive une poignée de jours avant le match. Il n'y a pas de temps à perdre, chaque minute compte.

C'est spécial quand même car, au début, personne du staff, à part Émile Ntamack, l'entraîneur des trois-quarts que je connais bien et depuis longtemps, ne me parle. Je n'ai même aucun échange avec Marc Lièvremont. Il ne vient jamais me voir pour m'expliquer pourquoi il m'a sélectionné. D'ailleurs, je ne me souviens pas qu'il soit venu me parler après un match avec l'équipe de France. C'était toujours Émile parce qu'il avait la charge des trois-quarts. Marc ne m'a jamais dit si c'était bien ou pas bien. Mais comme je restais dans l'équipe, j'imagine qu'il trouvait mes performances plutôt positives. J'essayais en tout cas de me rassurer comme ça, tant bien que mal. Mais c'est fou de penser que je n'ai jamais eu d'échange en particulier avec le sélectionneur. Heureusement que j'en avais avec « Milou » qui me disait que ça allait... Il échangeait même beaucoup avec moi. Il faut dire qu'il avait suivi mon parcours de près, de ma préadolescence jusqu'à l'âge adulte.

Gamin, je l'admirais dans les vidéos des matchs du Stade Toulousain. J'essayais de m'inspirer de lui quand je jouais avec Pamiers. Quand j'avais 8 ans, il était venu voir notre petit club avec Thomas Castaignède et Philippe Carbonneau. Je gardais précieusement une photo qui avait été prise ce jour-là avec lui. Quand je la lui ai montrée, il ne s'en souvenait pas.

Mais il savait tout ça. Il connaît ma mère puisque sa belle-famille est du même coin dans l'Ariège. Sa femme, Marie, est de Pamiers, et son beau-père, Jean-Claude Séguéla, jouit d'une belle renommée au Sporting Club Appaméen. On le surnommait « Monsieur Drop », c'était l'une des idoles du club. Il n'était donc pas rare qu'on se croise tous dans des fêtes locales.

Émile m'a entraîné avec les Espoirs toulousains, puis avec l'équipe de France des moins de 21 ans. Dès notre première rencontre, je bois ses paroles. J'essaie de le satisfaire sur le terrain. Je ne veux surtout pas le décevoir. Et, de ce fait, je vis le moindre de mes ratés de manière exacerbée. Je rate un plaquage, j'y pense et je m'en veux toute la semaine. Notre relation a évolué, mais dès notre première rencontre, je me suis dit : « J'ai de la chance. »

J'échangeais beaucoup avec Émile. Je lui demandais son avis sur mes changements de clubs, Agen, Bayonne, l'intérêt du Stade Français pour me recruter. On avait une relation très forte et très proche. Quand on avait vu que la porte était fermée pour moi au Stade Toulousain, il m'avait conseillé d'aller chercher du temps de jeu ailleurs, de m'amuser. Il m'avait rassuré en me disant que ce n'était pas un échec de ne pas réussir à Toulouse.

Quand je découvre le Top 14 avec Bayonne, il m'envoie régulièrement des petits messages : « Continue à travailler, ça va payer… » Je n'avais pas compris que cela concernait un appel en équipe de France. Quand j'arrive à Marcoussis, c'est donc la première chose qu'il me lance : « Alors, tu vois, je t'avais bien dit que le travail allait payer. Il paie toujours… »

Ça y est, oui, je suis en équipe de France. Mais quand tu es compétiteur, ton but, ce n'est pas d'avoir une ou deux sélections. J'ai une idée fixe. Je ne serai vraiment un joueur international qu'au bout de dix sélections. Je l'avais lu quelque part, ce truc. Donc, je ne veux pas faire que passer, et je me donne cet objectif.

Christian Gajan, un mentor, presque un deuxième père

Christian Gajan, le manager de l'Aviron bayonnais, a été un point d'appui essentiel au cours de cette période. Il était le relais entre le club et l'équipe de France. Il faisait tout pour me mettre dans les meilleures conditions. Pour apprendre. Pour me faire devenir un homme également. À Agen, j'étais un gamin. Je faisais entraînement, Playstation, entraînement, Playstation… J'étais encore dans la phase du joueur Espoir qui commence à découvrir le monde professionnel. C'est pour cette raison que je dois beaucoup à Bayonne. C'est là-bas que je suis devenu un homme. Avec des responsabilités, des échecs et des succès.

Tout ce qui m'arrive de beau cette saison-là, je le dois à Bayonne. Agen m'avait permis de savoir que je pouvais devenir joueur professionnel, ce que je ne percevais pas du tout jusque-là. En Espoir à Toulouse, je jouais un bout de match avec la première tous les trois mois. Et quelques apparitions en équipe de France des moins de 21 ans. Mais en fin de compte, je n'avais connu aucune saison régulière, avec la pression qui va avec…

Christian Lanta et Christophe Deylaud n'ont pas compris mon choix de ne pas rester parce que le SUA était champion de France de Pro D2. J'ai d'ailleurs été l'un des seuls à partir. Mais dans ma tête, j'avais un plan. Et mon plan, c'était de remonter avec Agen puis de trouver un club déjà installé dans l'élite. Mon ambition personnelle n'était pas seulement de jouer en Top 14. Je voyais déjà plus loin. Et quand Bayonne m'a contacté, j'ai senti qu'une relation avec Christian Gajan allait s'installer. Comme un mentor. Il m'a pris sous son aile. Il m'a formaté, il m'a appris, il m'a conseillé. Il m'a aussi engueulé, gentiment. Vraiment comme un deuxième père.

Sur le plan sportif, il y a eu Émile Ntamack, qui a joué un rôle prépondérant dans ma carrière. Il a approuvé ou non mes choix, mais nous avons toujours discuté, avancé. Ensuite, il y a eu Christian Gajan. Je ne le savais pas, il ne me l'a révélé qu'après, mais ils avaient échangé avec Milou à mon sujet, à propos de mon profil. Comme il me connaissait déjà avant que j'arrive, je ne pouvais pas la lui faire à l'envers. Quelque part, c'était logique, c'est la filière toulousaine…

Après mes prestations en match, on se disait vraiment les choses avec Christian. Il n'y avait pas de secrets ni de non-dits. C'est exactement ce que je recherchais. Des entraîneurs qui puissent comprendre mes prises de risque, mes déplacements sur le terrain, que je n'avais pas envie de rester sur mon aile pendant tout le match. Grâce à cette notion de plaisir – une particularité toulousaine –, j'ai pu m'exprimer et avoir cette progression à Bayonne.

Nous étions très proches en dehors du terrain, des entraînements. J'ai continué à échanger avec lui par la suite car

Christian est vraiment quelqu'un de bienveillant. Tu sentais que, même quand il te disait des choses un peu dures, c'était toujours pour ton bien, pour te faire avancer. Jamais pour t'enfoncer. Il était toujours dans le positif, même quand j'étais passé à côté de mon match. Il insistait sur ma marge de progression, pas sur les reproches envers mes ratés. Il m'a toujours protégé. Il a toujours cru en moi.

Aucun souvenir de ma première sélection

J'honore ma première sélection le 20 novembre 2010 contre l'Argentine. Mais – et c'est incroyable ! – je n'ai absolument aucun souvenir de cette sélection ! Il faudrait qu'un jour je revoie le match… Je sais que je suis là, que j'ai joué ce match, mais je ne me rappelle rien. Rien n'est resté gravé de ce moment-là.

La semaine est passée tellement vite. Mon téléphone ne faisait que sonner. J'avais fini par le couper, c'était trop difficile de tout gérer. Je regrette de ne pas avoir été accompagné par quelqu'un à ce moment-là pour m'aider. Surtout pour les après-matchs. Tout le côté administratif, les sollicitations de partout. J'étais très entouré, mais j'avais l'impression d'être seul.

Ma mère et mon beau-père se déplacent pour venir me voir jouer. Dans la famille, nous sommes très pudiques. Ils ne me disent pas grand-chose, mais je sais qu'ils ressentent beaucoup de fierté. Mes potes d'enfance, eux, étaient en folie. Ils me disaient tout le temps que je jouerais un jour en équipe de France. Pour mes parents, c'était presque normal.

Chaque fois que je parle de ma première sélection, c'est bizarre. J'ai toujours l'impression que ce match est passé en un claquement de doigts. Je l'ai joué, oui, mais je ne me souviens vraiment de rien. Peut-être parce que tout était nouveau. Je découvre tout, je regarde tout, et pourtant il ne m'en reste rien. Même ma première *Marseillaise*, je ne m'en souviens pas. Je me rappelle seulement que c'était la première fois que je jouais un match au stade de la Mosson, à Montpellier.

C'est incroyable qu'il ne me reste à ce point aucun souvenir. C'est le trou noir. Même la remise des maillots – c'était pourtant ma première avec l'équipe de France ! –, je ne m'en souviens pas. J'ai souvenir d'avoir suivi mon rituel, d'avoir appelé, comme d'habitude, ma famille avant le match. Je me souviens de les avoir vus après le match : beaucoup de proches et d'amis étaient venus me voir jouer. Mais entre mon dernier appel, avant de rentrer sur le terrain, et le moment où je vais leur parler après le match, je n'ai pour ainsi dire aucun souvenir. Des bouts d'action ressortent avec parcimonie, mais c'est tout…

Je ne sais pas si on peut parler de doute avant d'honorer ma première sélection. C'est plutôt une remise en question. On est obligé de se remettre en question. Et pour moi, ce processus ne vient pas après des défaites ou après des échecs. La remise en question vient pendant que ça marche. C'est ce qui est le plus difficile. Après une victoire où tu as marqué deux essais et que tout le monde te tape dans le dos pour te féliciter, la difficulté, c'est de retourner à l'entraînement le lendemain matin sans te laisser prendre par cette euphorie de la victoire. Comme il ne faut pas non plus baisser les bras après la déception de la défaite.

Le sport de haut niveau est un ascenseur émotionnel terrible. Pour tenir, il faut avoir des émotions assez plates. Ne pas se laisser déborder. C'est au fur et à mesure de ma carrière, grâce à des intervenants extérieurs, que j'ai réussi à acquérir cette philosophie. Je fêtais très peu les victoires, et les défaites n'étaient pas synonymes d'échec. Je voulais toujours voir plus loin.

Une première sélection ? Oui, mais tu n'es vraiment international qu'au bout de dix sélections. Une dixième sélection ? Oui, mais tu n'es un international confirmé qu'au bout de cinquante sélections. Ça ne s'arrêtait jamais… Mais c'est aussi ce que j'aimais : relever sans cesse de nouveaux défis. Quand je marquais deux essais en club, je savais que je serais très attendu le match d'après, et je voulais encore plus répondre présent.

Marc Lièvremont fait tomber des têtes

En février 2011, je dispute mon premier Tournoi des Six Nations. On perd de peu à Twickenham, et pourtant, je suis décrié. Les médias attendent plus de moi. Selon eux, je suis censé prendre la relève de Vincent Clerc, et à leurs yeux, ça tarde à venir. Mais je ne peux pas devenir un international accompli du jour au lendemain. Je sens l'attente, et qu'on ne me laisse rien passer. C'est une expérience assez nouvelle, même si je sais que c'est le jeu de la presse. Ce n'est pas facile, mais j'ai toujours pris mes responsabilités.

J'en ai beaucoup voulu à la presse sportive après mon épisode avec l'Agence française de lutte contre le dopage (AFLD). Pour vendre des journaux, ils ne m'ont pas lâché. Ils n'ont pas essayé de connaître le fond du problème, de comprendre. Selon eux, c'était facile de se soumettre à ces contrôles, et ils sous-entendaient que j'avais été sot de m'être fait prendre. Heureusement, aucun journaliste ne s'est aventuré à écrire que je m'étais dopé…

Au-delà de cet épisode, je savais qu'il fallait travailler ensemble. Les journalistes ont le pouvoir de monter un mec ou de le descendre. Encore plus s'il est con avec la presse. Ça, je l'ai compris très vite. J'avais décidé de toujours assumer, donc j'allais voir la presse. Comme après les défaites avec l'équipe de France. Et au Stade Toulousain, je faisais partie des cadres qui s'exprimaient, qui assumaient en cas de branlée. Ça n'a jamais été un problème pour moi de parler aux journalistes. Ça me permettait aussi d'entretenir un lien, de voir ceux qui écrivaient sur moi. Sans animosité, mais pour mettre un visage sur le journaliste.

Et puis, il ne faut pas le cacher, je me servais aussi de la presse pour me mettre en avant quand tout allait bien. À l'approche des Tournois et des tournées, ça me faisait rire. On voyait les joueurs qui sortaient, qui donnaient plus. J'en faisais partie. Il faut donner à la presse pour recevoir aussi. Il faut travailler avec les journalistes.

Mais quand j'arrivais en équipe de France, j'enlevais toutes les applications d'informations sportives pour ne pas être pollué par ce qui s'écrivait à l'extérieur. Bon, j'avais quand même des retours. Il y a toujours quelqu'un pour t'envoyer un article, te dire « Tu as vu ça ? », te rapporter les choses que tu n'as pas trop envie de lire ou d'entendre. Mais de mon côté, je regardais très peu, pour rester concentré. Je n'avais pas besoin de savoir ce qui se disait. Ce qui ne signifie pas que ça me dérangeait de lire les articles sur moi. Sans problème. Y compris les critiques. Mais je ne perdais pas de temps à essayer de comprendre pourquoi. Pareil pour les louanges. On sait le match qu'on a fait.

Et c'est toujours plus dur de retourner au travail quand tu as gagné que quand tu as perdu. Après une défaite, tu remets tout en question. Tu as perdu quelques secondes en te préparant, tu as fait un écart alimentaire… Tout y passe. Alors que, quand tu as gagné, quand tout le monde te tape sur le dos pour te dire que tu es le meilleur, derrière, c'est plus compliqué de te retrousser à nouveau les manches pour retourner au travail. Il faut y être forgé, bosser tout le temps et sans relâche.

Après, pour dire vrai, critiques ou louanges, ça ne m'affectait pas plus que ça. Je ne montais jamais très haut et je ne descendais jamais très bas. Franchement, le sport de haut niveau est très dur. Tu marques deux essais et tu es le meilleur, puis, la semaine d'après, tu passes à côté et, boum, tu es nul et tu redescends aussi sec. Sur toute une saison, ce n'est pas vivable, cet ascenseur émotionnel. Psychologiquement, tu vas y laisser des plumes et rapidement finir complètement lessivé. Je me suis donc appliqué durant toute ma carrière à ressentir des émotions assez plates. Une maîtrise qui me sert aujourd'hui, dans mon après-carrière.

De ce premier Tournoi, je me souviens surtout de notre première défaite – historique – en Italie. Notre groupe sort d'une défaite cruelle contre l'Australie en novembre. On avait pris soixante points à la maison ! On perd à Rome, et le match suivant, en conclusion du Tournoi, on bat les Gallois qui jouaient le Grand Chelem au Stade de France. Tout le monde l'a oublié, mais ce Tournoi 2011, on le termine à la deuxième place malgré trois déplacements. On gagne en Irlande, on bat l'Écosse et le pays de Galles chez nous. Mais cette défaite en Italie masque ces victoires…

Je découvre pendant ce Tournoi tous ces supporters qui nous suivent, tous ces Français qui effectuent les déplacements pour nous encourager, à Twickenham, à Dublin… Je joue dans des stades mythiques, dans un Stade de France plein à craquer et, sans transition, je me retrouve en Challenge Cup à jouer au fin fond de l'Italie. Le fameux ascenseur émotionnel.

Après cette défaite à Rome, je me souviens de la colère monumentale de Marc Lièvremont. Je ne l'ai pas vue venir. Il y a beaucoup de joueurs de caractère, d'expérience, dans l'équipe. Beaucoup d'anciens avec une grosse carrière derrière eux. Je me réveille le lendemain matin et je vois un message sur mon téléphone : « Rendez-vous à telle heure pour un débriefing. » Quand j'arrive et que je vois la tête de Marc, je comprends tout de suite que ça va chauffer. Quand je suis en équipe de France, je me mets dans une sorte de bulle. Je n'avais donc pas lu les journaux.

C'est un débriefing à sens unique. C'est la première fois que je vois un entraîneur crier autant. Il nous gueule littéralement dessus. Il était vraiment dans une colère noire. Je venais d'arriver dans le groupe, je ne sais pas si sa colère venait d'avant. Marc, très énervé, prend certains joueurs à partie. Il parle d'un truc qu'il a lu dans les journaux. Je ne sais pas quel est le fond du problème. Je commence à m'inquiéter, à croire que je suis concerné, à me demander de quoi je suis coupable. Est-ce que j'ai dit quelque chose qu'il ne fallait pas aux journalistes ?

Et puis, d'un coup, il fixe un joueur et on comprend qu'il en veut à celui-là en particulier. Il cible François Trinh-Duc, qui avait critiqué le plan de jeu dans la presse. Ce qui n'a pas du tout plu à Marc Lièvremont. Marc et lui se sont expliqués. J'ai rarement vu un coach énervé à ce point ! François ne peut plus répondre… C'est son procès. Mais le ton finit par monter entre eux deux, ils s'expliquent sévèrement devant tout le monde. Marc veut sans doute nous faire tous réagir avant notre prochain match contre les Gallois.

En revanche, il n'y a rien ce jour-là qui laisse penser qu'il ne va plus sélectionner Chabal, Thion, Jauzion, Poitrenaud… Marc Lièvremont fait tomber des têtes. Je ne dis pas que c'était obligé, mais c'est son rôle de changer quelque chose alors que ça va mal depuis novembre. On fait des matchs en dents de scie, et il sent que quelque chose est en train de lui échapper. Il prend donc ses responsabilités en tant que manager. Je ne sais pas si ses décisions sont bonnes ou mauvaises. Ce n'est pas mon rôle de juger ça. Toujours est-il qu'après cette humiliation en Italie, on perd beaucoup de monde…

Je ne pensais pas qu'il y aurait une cassure pendant la Coupe du monde 2011. Si elle avait dû arriver, ça aurait été plus tôt. C'était tendu depuis notre défaite en Italie : incompréhension, problèmes de communication, propos mal interprétés… Mais tout le monde avait conscience de l'importance de cette Coupe du monde et personne n'avait envie de gâcher cet événement.

Trois mois de vie commune, ce n'est jamais évident. Il y a forcément des tensions, des bagarres entre joueurs à l'entraînement… C'est normal, c'est la vie d'un groupe qui passe autant de temps ensemble.

Leur système antidopage est nul

Ne pas disputer la Coupe du monde 2011, ce n'est pas la pire déception de ma carrière. La pire, c'est ma blessure contre l'Italie lors de notre premier match de la Coupe du monde 2015. Mais ces trois *no-shows*, c'est ma faute. Et ça m'a appris à prendre encore plus mes responsabilités. Quand on est sportif de haut niveau, on a l'habitude de déléguer toutes les choses dont on ne veut pas s'occuper pour rester focus sur le terrain et ne pas s'encombrer de tout ce qui est administratif.

C'était en 2011. Depuis, heureusement, il y a eu beaucoup d'évolutions. Aujourd'hui, ça ne se passerait pas comme ça, grâce ou à cause de moi. Les clubs prennent un peu leurs responsabilités désormais, parce qu'à la fin, ça les concerne également.

Je viens donc d'arriver à Bayonne. Un changement monumental pour moi. Agen, c'était à moins d'une heure de Toulouse. J'avais encore mes racines. Mais là, je me retrouve dans une ville inconnue où je ne connais personne. Je suis seul dans mes démarches. Je suis seul à chercher un appartement, une maison. Mon agent m'aide un peu, mais je rentre vraiment dans la vie active du rugbyman pro. Mon seul objectif, c'est d'être performant. Et je pense que tout ce qui a trait au rugby, c'est du domaine du club. Comme ça se passait à Toulouse. J'étais encore dans ce réflexe, cette habitude.

Je reçois un avis de courrier recommandé. Je vais le chercher à la poste. Et c'est un bloc épais de vingt centimètres, plein de feuilles avec des en-têtes AFLD. Conformément au règlement de la Ligue, je fais déjà un test par trimestre. Je suis international, donc je fais aussi un contrôle antidopage après chaque match international. Sur cette saison, j'en suis déjà à une dizaine de contrôles. Ce truc que je viens de recevoir, je dois le remplir sur un trimestre : donner ma localisation, donner une heure à laquelle je serai à la maison, chaque jour.

Je sais quand je serai là demain et après-demain, mais ensuite ? Je suis célibataire, je peux découcher, je peux aller voir des potes, je peux dormir chez eux. Et donc, comme je ne sais pas exactement comment il faut remplir ce papier, je ne renseigne que le premier mois. Je le renvoie comme ça, en me disant que je compléterai au fur et à mesure. Mais en fait, non. Il fallait déjà remplir les trois mois à l'avance, dire où tu seras chaque jour !

Il faut que les gens comprennent. Ce système a été conçu pour les athlètes des sports individuels. Car nous, tous les jours, si le contrôleur veut nous trouver, il suffit qu'il vienne au stade. À part notre jour *off*. Mais on ne peut pas partir à l'autre bout du monde pour faire une préparation aux JO ou à un Championnat du monde. On est H24 ou presque sur le même site d'entraînement. Donc, comme je leur ai expliqué quand je suis passé devant eux, leur système est nul. Il n'est pas adapté aux sports collectifs comme le football ou le rugby. Le foot l'avait refusé. Nous, au rugby, on est bien gentils. On est toujours dans leur système parce qu'on ne veut pas faire de vagues. Mais si les mecs de l'AFLD veulent vraiment nous trouver, ils n'ont qu'à venir tous les jours à l'entraînement, et on sera là…

Je prends donc un premier *no-show* parce que j'ai mal rempli mon dossier. Mais pour moi, c'est en lien avec la Fédération et le club, donc on peut faire sauter la sanction. C'est simplement un problème administratif. Je pense donc qu'il n'y a aucun risque. Et je pose le courrier dans un coin…

Le deuxième *no-show* arrive juste après la défaite historique du XV de France en Italie. Je me dis que nous, les jeunes arrivés en dernier dans le groupe, on va être les premiers à le payer et on va prendre la porte. J'oublie donc de notifier que, finalement, je reste en équipe de France, et je prends ce deuxième *no-show* parce que je ne suis pas chez moi. Je n'avais pas fait le changement. Mais pour le contrôleur, la règle c'est la règle. Il est là pour l'appliquer – bêtement – et pour me sanctionner.

Sur ce coup, si on est sincère, il n'est pas là pour faire de la prévention. Ce qu'il veut, c'est me baiser, parce qu'il sait très bien que je suis pris en équipe de France, il sait très bien que je suis resté à Marcoussis. Il a vu la liste des joueurs sélectionnés, et il vient quand même sonner chez moi le lendemain. Ce n'est absolument pas logique. Mais il faut qu'il justifie son travail. Un million d'euros est alors alloué à l'AFLD chaque année… Et là, toutes les conditions sont réunies pour qu'on parle d'eux. Je suis ce jeune qui commence à faire parler de lui en équipe de France, ma saison est plutôt bonne, je fais pas mal de médias parce que mon agent me met en avant. Pas mal de choses tournent autour de moi cette année-là, que je n'arrive d'ailleurs pas toutes à maîtriser parce que je suis jeune et que tout cela est nouveau pour moi.

On apprend ensuite que je suis sélectionné pour la Coupe du monde 2011. Le mec vient régulièrement le matin me contrôler, tout se passe bien. Entre l'équipe de France, le Top 14, la Ligue et l'AFLD, j'en suis à quinze contrôles antidopage depuis le début de la saison. Plus d'un par mois ! Et moi je pense – en tout cas j'espère – que mes deux *no-shows* ont été annulés. Mais je ne demande pas confirmation.

Et là, mon agent m'appelle : « Pour te mettre en avant avec la Coupe du monde qui approche, on a signé pour la couverture du magazine *GQ*. Le shooting est confirmé, c'est dans deux jours. Je te prends les billets d'avion. » OK pour moi, je pars. Tous les matins, j'avais fait venir le contrôleur à 6 heures. Et là, le vol de Biarritz pour Paris est à 7 h 30. Au moment de monter dans l'avion, je reçois un message du contrôleur. « Bonjour Monsieur. Je suis devant chez vous. » Je le rappelle aussitôt.

« Écoutez, je suis dans l'avion, je pars faire un shooting photo et je suis de retour ce soir. Est-ce que vous pouvez repasser à ce moment-là s'il vous plaît ?

– Ah non, non, j'ai mes obligations. »

J'essaie de négocier, de lui expliquer la situation : je suis en train d'embarquer. Et il s'agace.

« Si vous le prenez comme ça ! Les horaires, c'est les horaires.

– Monsieur, encore une fois, je suis vraiment désolé, mais s'il vous plaît… »

Je lui réexplique, je lui redemande, je suis patient. Mais il ne veut rien savoir, et là, je comprends que ça commence à devenir tendu…

J'appelle aussitôt Provale, le Syndicat national des joueurs de rugby professionnels, et je leur explique ma situation. Ils regardent mon dossier et me disent qu'ils devraient pouvoir faire annuler mon premier *no-show*, celui qui est administratif. Mais finalement, l'AFLD ne veut rien savoir, rien entendre. Ils savent qu'ils vont se faire un peu de pub à ce moment-là parce que leur système n'est alors pas du tout connu. En fait, au début, ces contrôles ne concernaient que les capitaines d'équipe, c'est dire à quel point ce système était mal conçu et n'avait rien d'aléatoire. Il n'y avait pas de tirage au sort.

Au passage, je pense que ce n'est plus possible de se doper, avec tous les contrôles. Parfois, il y a encore des soupçons. Mais c'est difficile de porter un jugement sur le physique d'un autre joueur. Sans doute qu'il a beaucoup travaillé pour atteindre ce niveau. On a tous les mêmes contrôles. On est contrôlés dans les clubs, par tirages au sort, on est contrôlés à 6 heures du matin quand on est en équipe de France… Je ne vois pas comment un mec jouant aujourd'hui en France pourrait se charger.

À Bali, une douleur inimaginable...

Et voilà. C'est fini. On vient d'arriver à Perpignan avec le XV de France pour le dernier stage de préparation à la Coupe du monde. Personne ne m'a prévenu, quand Marc Lièvremont vient me voir. Il me dit qu'ils ont tout essayé, en vain. Que deux ans auparavant, il y a déjà eu l'affaire Bastareaud et la table de nuit en Nouvelle-Zélande et qu'ils ne peuvent pas prendre le risque de m'emmener là-bas, dans le même pays, sans savoir quelle sera ma sanction. Que je prends une place que je ne suis pas certain de pouvoir conserver.

À ce moment-là, je le prends de plein fouet : « Ça y est, tout s'arrête. » C'est compliqué. C'est un sentiment étrange. Je n'en veux à personne, à part à moi-même. Je me dis que, même si leur système est nul et pas adapté aux sports collectifs, tout est ma faute. Quand je passe devant la commission, je leur dis quand même ce que j'ai sur le cœur. Mais je n'ai même pas pris le temps de les écouter. Je savais que ça ne servait à rien. Parce que leur système était là juste pour me piéger, pas pour faire un simple contrôle antidopage.

Je passe également devant la Fédération française, qui est obligée de me sanctionner. Je prends trois mois. Ce qui me fait rejouer au mois d'octobre. Mais l'AFLD décide de rajouter un mois. Comme quoi, ils font vraiment ce qu'ils veulent… Pourtant je n'ai peur de rien à ce moment-là. Je m'en veux pour mon club, parce que je ne pourrai pas jouer avec Bayonne jusqu'en novembre.

Dans leur grande majorité, les gens avaient été plutôt compréhensifs, voire bienveillants, lors de cet épisode. Mais quelques-uns ne pouvaient s'empêcher de balancer que j'avais franchi la ligne rouge, que je m'étais dopé. Ça m'énervait beaucoup. Par mon éducation, j'étais déjà un peu croyant, mais lors de cette période, je me suis réfugié un peu plus dans la religion. Avant tout pour aplanir mes émotions, ne pas être dans la rancœur et la colère. Ça me permettait de méditer, de chasser les pensées négatives. D'arrêter de me dire que tout s'était écroulé du jour au lendemain pour rien.

J'ai un tatouage sur le flanc, juste en dessous du cœur. Une phrase : « *Only God can judge* ». Je l'ai fait à Bali pendant la Coupe du monde 2011, dont j'avais été privé à cause de ces trois *no-shows*. La colère prédominait, et j'étais parti là-bas pour tenter de l'évacuer. Je décide donc de me faire tatouer cette phrase. Quelle erreur ! Une douleur inimaginable. Ils me l'ont fait à l'ancienne. À l'aiguille, piqûre après piqûre. Tac, tac, tac. Un mal de chien à chaque fois. Et ça n'en finissait pas. Au bout d'une heure, je demande au jeune qui me tatoue de me montrer où ça en est. Et je vois qu'une seule lettre était terminée ! Quand j'ai compris tout ce qu'il restait à faire, je me suis dit : « Dans quoi tu t'es embarqué ? » Mais je ne pouvais pas m'arrêter à une lettre.

Il me propose alors de revenir le lendemain, de faire le tatouage en l'étalant sur trois ou quatre jours. Quand il m'a dit ça, mon sang n'a fait qu'un tour. « Je crois que tu n'as pas compris. Tu vas me finir ça aujourd'hui ! Je vais rester et souffrir pendant des heures, mais je ne reviens pas demain souffrir à nouveau. » Résultat, on avait commencé à 18 heures et on a terminé à 1 heure du matin. Sept heures à souffrir… Sur les côtes, c'est vraiment sensible.

Ça m'a servi de leçon. Plus jamais je ne me suis fait tatouer depuis. J'en ai un autre, un petit à la jambe, que j'avais fait à 18 ans pour suivre les copains. On se prenait pour des hommes. Mais il n'avait presque pas fait mal, celui-là…

Je suis devenu l'une des têtes de Turc de Boucherie Ovalie

Quand j'ai fait mes débuts en équipe de France, en 2011, c'était tout juste l'arrivée de Twitter, désormais X. Quatre ans plus tard, pour la Coupe du monde 2015, tout avait changé. C'était devenu complètement fou. On avait l'impression d'avoir pris une vague sur la gueule avec l'explosion des médias sociaux. Personne ne nous avait appris à les gérer, ne nous avait expliqué : « Il faut faire comme ci, il faut faire comme ça… Il faut accentuer telle chose, éviter telle autre. »

Après certains matchs, je recevais des messages incroyables. Je me souviens d'un des premiers : « Joueur *low-cost*. » On ne savait absolument pas comment réagir ! On s'est fait déborder par les réseaux sociaux durant ces quatre années. Par manque de contrôle, surtout. C'était dangereux pour certains qui n'étaient pas mentalement prêts à encaisser ces critiques hyper méchantes. Certains sont venus en équipe de France, ont perdu, ont pris la vague… et on ne les a jamais revus.

Je suis rapidement devenu l'une des têtes de Turc du compte Boucherie Ovalie. Les gars m'avaient surnommé « Bubulle »… Sincèrement, au début, ils ont fait des trucs qui m'ont fait rire, qu'il s'agisse d'autres joueurs ou de moi. Ils me clashaient, mais c'était rigolo. Puis ils sont allés de plus en plus loin. Trop loin. J'ai commencé à ne plus les apprécier à partir du moment où ils ont mélangé le rugby et l'actualité.

Le point de rupture a été atteint quand ils ont associé une victoire du Stade Toulousain en Championnat de France avec les attentats antisémites qui avaient eu lieu à Toulouse. Lors de la finale de Top 14 contre Montpellier, en 2011, David Skrela avait raté cinq tentatives d'inscrire des points. Quand, en mars 2012, Mohammed Merah commet sa série d'attentats, ils balancent ce tweet : « Enfin un buteur qui ne rate pas sa cible à Toulouse… » Là, c'était inacceptable pour moi. Tu ne peux pas écrire tout et n'importe quoi, mélanger le rugby à des événements aussi tragiques.

Dès lors, ça s'est envenimé avec eux. Qu'ils m'attaquent sur le sportif, pas de problème. Qu'ils me prennent en grippe, passe encore. Mais ils ont commencé à récupérer sur mes comptes mes photos personnelles et à les trafiquer, y compris celles avec ma femme et mes enfants. Là, j'ai dit stop. Ils allaient trop loin. C'était plus que moyen. On n'est pas là pour subir ça. J'ai donc fini par leur envoyer un courrier d'avocat, mais ça s'est arrêté là. Ils ont cessé les attaques d'ordre privé, même s'ils ont continué à se moquer de moi avec des petites vidéos ironisant sur le moindre de mes petits ratés.

Il y avait aussi les notes dans les journaux après les matchs. Je ne regardais pas, mais tout le monde se sentait obligé de me les envoyer. Ça ne me minait pas, mais je ne vais pas dire non plus que je le prenais bien. Quand tu es mal noté, tu te demandes si le mec a vraiment vu ton match.

Je ne veux pas remettre en cause les compétences des journalistes mais ils ne savent pas ce que l'entraîneur t'a demandé de faire. Ils ne savent pas quel était le plan de jeu établi, ils ne savent pas ce que je devais spécialement accomplir. Si je devais être plus en couverture ou plus en pointe. Si j'étais plus attendu sur les franchissements ou les réceptions parce que l'adversaire avait prévu de t'arroser tout l'après-midi. Autant de choses qui conditionnent ton efficacité sur la ligne.

À chaque match, on te demande de te focaliser sur des points différents. L'essentiel, c'est de savoir, toi, ce que tu as fait. Les seuls comptes que j'avais à rendre, c'était aux coachs. Est-ce que j'avais accompli tout ce qu'ils m'avaient demandé pour ce match-là, par rapport au plan de jeu établi ? Mais ces notes ne me touchaient pas plus que ça. Le plus important, c'était mon cahier. J'écrivais avant chaque match ce qu'on attendait de moi. Et le soir, je reprenais mon cahier point par point. Est-ce que tu as fait ça ? Oui. Ça ? Oui aussi. Ça ? Non. Ça ? Nul ! Je n'avais pas besoin des notes des journalistes pour savoir ce que j'avais fait de bien et de moins bien.

Pas invité aux côtés des sprinteurs

Comme une grosse saison m'attend après ma suspension pour mes trois *no-shows*, je décide de prendre mon mal en patience et de trouver des astuces pour travailler encore plus. Mon objectif, c'est de me servir de cette préparation pour revenir plus frais et plus fort. Je prends un coach personnel, l'entraîneur d'athlétisme Guy Ontanon. Je pars à l'INSEP, l'Institut national du sport, de l'expertise et de la performance, à Vincennes, pendant un mois et demi. Il me fait bosser avec le sprinteur Jimmy Vicaut. Je me challenge sur beaucoup de points. Comme chaque fois que j'ai eu à traverser un moment compliqué, je cherche de nouveaux leviers pour sortir un peu du contexte et essayer d'en ressortir plus fort.

J'avais déjà un coach personnel à Bayonne, Yann Pradel, parce que j'ai l'habitude de travailler comme ça : plus et en dehors du club. Il m'avait appris à placer mes appuis pour courir mieux et plus vite. Il me dit que si je veux aller encore plus loin, il faut aller à l'INSEP. On y va ensemble parce que lui aussi veut progresser, développer ses connaissances.

On y travaille l'explosivité, en rapport avec le rugby quand même. Pas des quatre cents mètres ou des huit cents mètres, mais des courses de trente ou cinquante mètres. Bon, j'ai vu tout de suite que je n'étais pas invité à côté des athlètes. Dès leur échauffement : c'était une séance de physique pour nous ! Ils enchaînaient huit 30 x 30 sur la piste. On était huit, et ça se faisait par deux. Je me dis : « Je vais prendre le dernier. » Tu parles. Vu l'allure à laquelle ça part direct, je leur dis : « Eh, les gars, vous ne pouvez pas commencer comme ça. Je fais cent kilos, et là on s'échauffe… »

Sur les séries de huit cents mètres, je montais dans les tours. On faisait environ trente secondes sur deux cents, deux cent cinquante mètres. J'essayais de me caler en tête de peloton pour tenir la cadence, et au fur et à mesure, je voyais les mecs me dépasser un par un. Ce n'était pas possible. Voilà comment on s'échauffait. C'est vraiment un drôle de sport…

Je n'ai même pas essayé de me chronométrer sur un cent mètres contre eux. Pour le coup, ils ne se lancent pas comme ça. Ils ont besoin d'un long échauffement, d'étirements, tout ce que nous, nous négligeons un peu dans le rugby. Parce qu'on n'a pas forcément besoin de faire des cent mètres. Et que, pour eux, un cent mètres, ça leur prend une heure et demie de préparation…

J'ai essayé de conserver un lien avec Jimmy Vicaut. On a échangé pendant un temps. On se félicitait respectivement. Mais avec la distance et les contraintes de nos sports respectifs, on n'est pas tous les jours en contact. Il est parti s'entraîner aux États-Unis, il a changé de coach aussi. Le lien était difficile à entretenir.

On est la génération des défaites encourageantes

Je me souviens très bien de mon retour en équipe de France, en juin 2012, lors de la tournée en Argentine. Je marque un doublé. Pour moi, bizarrement, ma carrière internationale démarre là. Autant, avant, je ne me souviens pas de grand-chose, je fais quasiment un *blackout* ; autant, à partir de là, je me souviens de tout. Nouveau staff, nouvelle génération. Je suis là où je dois être. Quand je montais dans le bus pour préparer la Coupe du monde 2011, je tournais la tête et je voyais Chabal, Titi Dusautoir… Ils étaient des monuments.

Cette tournée se passe bien, on rigole entre nous. Avec Wesley Fofana, Yoann Maestri et d'autres, on crée rapidement des liens. On perd le premier test, mais on rectifie le tir pour remporter le second. J'ai le sentiment de partager beaucoup de choses. Et puis, je marque ces deux essais. C'était mon objectif de progression. Marquer des essais, pour un ailier, ça valide pas mal de choses. Je ne me suis pourtant jamais senti installé en équipe de France. Déjà, du fait des résultats en dents de scie.

Parce que l'équipe change beaucoup aussi. Elle n'est pas vraiment définie, entre les blessures et les contre-performances. Mais il y a quand même une ossature.

On sent qu'on en fait partie et qu'on a des responsabilités les uns envers les autres. On fait une très belle tournée de novembre et, boum, d'entrée de Tournoi des Six Nations, on se prend une nouvelle fois les pieds dans le tapis en Italie. C'était fatigant et usant de se remettre en question, de ne pas avoir de fil conducteur pour progresser.

On est la génération qui a connu des défaites encourageantes. C'était difficile à vivre. Mais finalement, est-ce que c'était notre véritable point noir, ces défaites, ou est-ce qu'on ne nous a pas aidés à aller vers la performance ultime ? Quand je vois un joueur comme Uini Atonio, les performances qu'il réalise aujourd'hui et ce qu'il faisait en 2015, il n'y avait pas forcément un problème d'individu. Le problème était peut-être un peu plus profond.

Je pense que le fond du problème, ce n'était pas le staff dirigé par Philippe Saint-André, mais la préparation physique. On a eu des bons résultats en début de tournée, en début de Tournoi, mais à la fin, physiquement, chaque fois, on n'y était plus. On avait un staff de préparateurs physiques qui n'avaient jamais connu de club. Et donc, dès qu'ils sentaient que des joueurs étaient fatigués, ils relâchaient la pression parce qu'ils craignaient de blesser un joueur.

Aujourd'hui, le staff de l'équipe de France, il s'en fout de péter un joueur. Si un joueur se blesse, ils en prennent un autre. Nous, dès qu'il y en avait un qui avait un peu mal à la cuisse, il fallait réduire l'entraînement, diminuer les charges. Et plus on avançait dans le Tournoi des Six Nations, moins on était nombreux à la salle de musculation.

Je me souviens qu'on s'y retrouvait parfois seulement à trois ou quatre alors qu'on préparait un match international !

Ce sont plein de choses incohérentes comme ça. Tu essayais d'alerter les préparateurs physiques, tu leur disais : « Les mecs, ce n'est pas possible. » Et ils te répondaient : « Mais ils sont fatigués, ils ont besoin de repos. » Un joueur, tu lui dis qu'il a besoin de repos, il le prend. On n'a jamais cherché à atteindre nos limites. C'est là qu'on n'était pas performants. Les compétences n'étaient pas en adéquation avec le haut niveau.

Durant toutes ces années, je suis allé en équipe de France en me disant qu'on n'allait pas gagner, que ça allait encore mal se passer. Des joueurs refusaient d'ailleurs carrément de venir en sélection. Ils ne se sentaient pas investis dans le projet de l'équipe de France. Quand on est toujours remplaçant, voire jamais sur la feuille de match... Certains mecs se disaient que, vu les résultats, ils préféraient rester chez eux. Mais il n'y avait pas de jugement de notre part. S'ils n'avaient pas envie de venir, il valait mieux, effectivement, qu'ils ne viennent pas. Certains, dès qu'il y a un peu de concurrence, préfèrent baisser les bras.

J'ai toujours aimé porter ce maillot de l'équipe de France, donc je ne me suis jamais posé cette question. Ça ne m'a vraiment jamais effleuré l'esprit. Et pourtant, pendant sept ans, j'en ai raté, des anniversaires de mes enfants : une de mes filles est née en octobre et l'autre en juin. Mais porter le maillot de l'équipe de France, être à Marcoussis, ce sont des moments privilégiés. Pour rien au monde je n'aurais refusé une sélection de l'équipe de France.

Quand on compare les effectifs en 2013 et en 2023, on ne peut que dire bravo à l'instauration de la règle des JIFF (joueurs issus de la formation française). Le bénéfice pour les clubs, et surtout pour l'équipe de France, est indéniable. On s'est enfin mis à se nourrir de l'intérieur, avec des jeunes, plutôt que d'aller chercher à l'étranger des mecs sans doute moins bons, mais déjà prêts pour le haut niveau.

Quand je jouais en équipe de France, on ne prenait plus le temps de former nos joueurs. Quand on s'est retrouvés en équipe de France sans numéro 10, on entendait : « Il y a un problème de formation... » Mais non ! Il n'y avait pas de problème de formation. Simplement, les clubs fermaient la porte à de jeunes joueurs français en allant chercher des étrangers. Au point qu'on a vu arriver des joueurs étrangers en équipe de France parce qu'on n'avait plus de vivier. Antonie Claassen, Daniel Kotze, Bernard Le Roux d'abord, puis Rory Kockott. Une génération de joueurs français a été sacrifiée.

Cette période-là était tellement dure... Les saisons ne s'arrêtaient jamais. On ne pouvait pas enchaîner tous ces matchs, en club et en équipe de France. Le Tournoi des Six Nations, les tournées d'été en Australie ou en Nouvelle-Zélande après une saison à plus de trente matchs... Tu avais juste envie de mourir. Comment pouvions-nous être compétitifs avec de telles cadences ? Même si la tête te disait « Tu peux y aller », au bout de soixante minutes, on n'avait plus rien dans le réservoir.

On se prenait en face des mecs super préparés, des fusées. Et ensuite, tu partais en vacances avec un sacré mal de tête… En plus, au bout de dix jours de congé, tu devais commencer à reprendre l'entraînement physique individuel. Pendant cette période-là, les tournées d'été dans l'hémisphère Sud étaient de véritables calvaires.

Affronter l'Angleterre, c'est toujours particulier

Il y a quand même quelques bons souvenirs avec le maillot bleu. Comme ce France-Angleterre en ouverture du Tournoi des Six Nations 2014. On avait travaillé avec Patrice Lagisquet sur la montée défensive très agressive des Anglais. On avait convenu qu'en allant toucher les couloirs et en se recentrant avec des coups de pied rasants, on pouvait les mettre en difficulté. Ce match, c'est l'un de mes plus imparfaits en défense. Les Anglais avaient réussi à nous isoler et pouvaient ainsi jouer des un-contre-un. Ça m'agaçait, je m'en souviens, de ne pas parvenir à colmater ces brèches, à contrecarrer leurs avancées.

Mais, offensivement, je m'en sors et je marque deux essais. Le premier sur un rasant où le ballon me rebondit d'abord sur la poitrine puis sur la tête. Il faut savoir que le terrain du Stade de France est très dur et que les rebonds du ballon sont donc complexes à anticiper. Le match est commencé depuis moins d'une minute que je me retrouve déjà à aplatir derrière la ligne. « Wes » (Wesley Fofana), qui était au soutien derrière moi, est à deux doigts de m'étouffer tellement il me serre le cou par-derrière. Je dois lui réclamer de me lâcher car, tout à sa joie, il ne se rend même pas compte qu'il est en train de m'étrangler.

Un quart d'heure plus tard, je réussis un cadrage-débordement sur Alex Goode. Je remets ensuite la balle à l'intérieur à Brice Dulin qui tape un coup de pied par-dessus. Il se fait stopper illégalement, je regarde l'arbitre pour voir s'il intervient. Il ne siffle pas. Donc je continue l'action, et là, le rebond très haut lobe deux adversaires anglais et me revient dans les bras. Je n'ai donc plus qu'à aplatir. Un essai presque comique.

On mène alors 13 à 3. Mais ensuite, le match se corse, les Anglais mènent 24 à 19 jusqu'à l'exploit de Gaël Fickou qui nous offre la victoire sur le fil, 26 à 24. Ça fait du bien, ce genre de victoires, ça crée une dynamique sociale. Tous les supporters sont contents, tu sais que tu les as rendus heureux ce jour-là.

Car affronter l'Angleterre, c'est toujours particulier. Chaque fois, on sent que l'atmosphère est différente. C'est un match important pour nos supporters qui l'attendent avec impatience chaque année. Pour nous aussi, car on n'aime pas les Anglais. On ne sait plus pourquoi. C'est ancestral. Quand ils viennent jouer dans nos clubs, on s'aperçoit que les joueurs anglais sont comme nous, et ça se passe bien. Mais quand on s'affronte, on ne s'apprécie pas. C'est comme ça.

En revanche, j'adorais aller en Irlande. On est toujours super bien accueillis. Les supporters soutiennent à fond leur équipe mais ne sifflent pas l'adversaire. Ils sont pour leur équipe, mais pas contre celle qui joue en face. Ils te saluent toujours, te disent bravo. C'est un peuple avenant et souriant. Quand tu vas boire un verre, tout le monde est joyeux et chaleureux. Les Irlandais ont une joie de vivre incroyable. Et une telle ferveur dans les stades. J'aime beaucoup ce pays. Ça se passe toujours bien avec les Irlandais.

À l'inverse, chaque fois que je suis allé jouer en Argentine, c'était particulier. Le public est hostile, parfois agressif, même. Dans les tribunes, les supporters argentins sont toujours particulièrement remontés. Ils sont à deux cents pour cent derrière leur équipe. Une expérience à vivre quand tu es joueur. Je n'imaginais pas que le rugby pouvait susciter autant de ferveur en Argentine. Il n'y a pas vraiment d'agressivité envers l'adversaire, mais ils donnent tout pour soutenir leur équipe. Après la rencontre, ils sont accueillants et chaleureux. Mais pendant, c'est impressionnant.

J'ai noué quelques liens, pas d'amitié mais d'échanges réguliers, avec quelques joueurs étrangers au cours de ma carrière. J'ai une relation assez proche avec l'ailier sud-africain Bryan Habana. J'avais de l'admiration pour lui, et chaque fois que l'on se croise, on discute avec plaisir, on se rappelle nos matchs l'un contre l'autre. Je m'entends bien également avec l'Australien Matt Giteau. J'apprécie aussi beaucoup Cheslin Kolbe. Je pense que c'est réciproque. J'ai joué avec lui puis contre lui.

En discutant avec eux et d'autres anciens, je m'aperçois de la trace que j'ai pu laisser. Et je suis fier de constater que j'ai été un joueur respectable, respecté et loyal envers mes adversaires. C'est important pour moi d'avoir accompli ma carrière dans le respect, de savoir que ça s'est toujours bien passé.

Ça va surprendre, mais j'échange également de temps en temps avec l'arrière anglais Mike Brown. Lors du France-Angleterre du Tournoi des Six Nations 2014, on s'était défiés, front contre front, grimaçants et menaçants. Une scène immortalisée par de nombreux clichés. Chaque fois que notre photo ressort sur les réseaux, on s'écrit pour en rigoler. Pourtant, ça avait vraiment été très chaud. C'était à deux doigts de finir en bagarre.

Ce jour-là, il n'avait cessé de me provoquer, de me chercher. Jusqu'au moment où, après avoir récupéré un ballon sorti en touche, il était venu m'agresser en me poussant dans les panneaux publicitaires. Mike était très virulent sur un terrain. C'était un vrai Anglais. Un vrai pénible. De la trempe d'Owen Farrell. Il t'attrapait sans ménagement dès qu'il le pouvait. Pourtant nous avons désormais d'excellentes relations. En revanche, chez les Anglais, Chris Ashton n'était pas très courageux. Il parlait beaucoup, mais quand tu le bloquais, il ne disait étonnamment plus rien…

Le « starlettes » de Saint-André, je l'avais pris pour moi

28 février 2015. On perd au Stade de France contre le pays de Galles, 13-20. Le lendemain, le sélectionneur, Philippe Saint-André, fait une sortie remarquée devant la presse. « Ça fait trois ans que je les couve, que je suis derrière eux. Le maillot de l'équipe de France doit te sublimer, tu dois être un gladiateur. On n'a pas besoin de starlettes... »

Je l'avais pris pour moi. Le samedi, on avait ce match, et le lendemain, on était quelques-uns – Wes, Yoann (Maestri)... – à avoir programmé des rendez-vous pendant notre après-midi *off* avant de rentrer dans nos clubs le soir. Pour ma part, il s'agissait d'une séance de shooting pour un sponsor.

Avant le match, on avait demandé à Philippe s'il acceptait d'avancer un peu l'heure du débrief pour qu'on puisse être à l'heure à ces sollicitations en vue de la Coupe du monde. Et il avait dit oui. Mais le lendemain, comme on avait perdu, il était énervé et avait sorti ça aux journalistes. C'était injuste. Personnellement, j'ai toujours privilégié les entraînements.

Nous ne lui en avions pas voulu plus que ça. Mais est-ce qu'il avait eu raison de balancer cela ? Je pense que non.

On lui avait demandé ce petit aménagement de planning, il avait accepté. Malheureusement, on perd le match et il réagit de cette façon pour échapper aux critiques. Mais je peux assurer que les joueurs concernés n'avaient jamais triché, avaient toujours envoyé à l'entraînement, ne s'étaient jamais cachés en match. C'était une réaction exagérée et hors contexte. Il ne parlait pas du terrain, là, mais de ce que nous faisions dans notre vie à côté. Ça n'avait pas de rapport avec nos performances.

On peut me critiquer, me dire « Tu n'as pas été bon, là et là ». Mais une fois que je suis sorti de l'équipe de France, j'ai tout à fait le droit de faire une séance photo pour un sponsor. J'ai toujours mis un point d'honneur à ce que l'on ne puisse rien me reprocher sur le plan sportif, sur mon professionnalisme. Je n'ai jamais loupé un rassemblement, un entraînement. Il n'y a pas un entraîneur qui peut dire que j'ai déconné une fois. Parce que j'aime mon sport, que c'est ma passion.

Il n'y a pas eu de rupture entre les joueurs et Philippe Saint-André après cette sortie. Philippe n'a jamais été un méchant mec. On savait à qui on avait affaire. Il a toujours été compréhensif. Et il n'y avait pas de non-dits avec lui. Une fois, il m'avait prévenu que, si je ne faisais pas de meilleurs matchs, il ne me reprendrait plus. J'avais entendu la critique et j'avais réglé le problème dès le match suivant.

En revanche, ça a été compliqué pour Philippe Saint-André pendant la Coupe du monde 2015. Avec ma blessure dès notre premier match contre l'Italie, je suis parti très tôt. La rupture s'est produite plus tard. Une rupture au sein du staff. On sentait qu'il y avait quelque chose qui n'allait plus vraiment entre eux. Il n'y avait plus trop d'échanges entre certains membres du staff. Et les échanges entre les joueurs et le staff s'en trouvaient réduits au minimum. Mais à ma connaissance, il n'y a pas eu de clash.

On sentait l'animosité entre Guy Novès et Serge Simon

Guy Novès arrive à la tête des Bleus fin 2015, au moment où je suis blessé au genou. Plus tard, il me fera un cadeau, je pense, en me rappelant en novembre 2016 pour le test contre les Samoa au Stadium, à Toulouse. Il sait très bien que je ne suis alors pas encore apte à deux cents pour cent.

Mais pour sa première année à la tête de l'équipe de France, je ne joue pas trop. Virimi Vakatawa est appelé et joue à l'aile. Guy est en train de constituer son équipe, et moi, je reviens de ma grave blessure. Je ne partage pas grand-chose avec Guy lors de sa période avec l'équipe de France.

Au Stade Toulousain, on sait ce que Guy a réussi. Est-ce qu'il a eu la même liberté, la possibilité de prendre des décisions radicales, comme il le faisait au Stade Toulousain ? Est-ce qu'il a disposé des mêmes moyens ? Je ne pense pas, sinon il aurait pu mettre quelque chose en place, comme il a essayé de le faire dès le début de son mandat. Il n'a pas été mis dans les meilleures conditions. Il a dû prendre des décisions contre son gré. Quand je repense à cette tournée passant par La Réunion et Madagascar juste avant d'aller jouer en Afrique du Sud… On part avec deux groupes différents. C'était complètement ahurissant. Jamais, à Toulouse, il n'aurait accepté cela. Là, il a accepté. Je ne sais pas pourquoi.

Enfin si, un peu. On savait qu'il était en guerre avec l'équipe Laporte qui dirigeait la Fédération française de rugby. On le sait, et c'est compliqué. Je pars du principe que l'entreprise, c'est comme un poisson. Si la tête n'est pas bonne, que ça ne fonctionne pas en haut, ce n'est pas très bon en bas non plus…

Serge Simon, le vice-président de la Fédération, était tout le temps avec nous et on sentait ce froid, cette animosité, entre Guy et lui. Ce n'était pas sain. On entendait deux discours différents. Ça ne fonctionnait pas. On se doutait que ça allait se passer comme cela dès le moment où Bernard Laporte avait été élu président de la FFR. Chacun a essayé de mettre un peu d'eau dans son vin. Mais le verre était trop petit…

Jacques Brunel est alors nommé pour succéder à Guy, débarqué fin 2017. Jacques fait ce qu'il peut avec ce qu'il lui reste comme temps de préparation. Mais quand, quelques mois avant la Coupe du monde au Japon, Fabien Galthié, Laurent Labit et Thibault Giroud intègrent son staff, on sent que quelque chose se met en place. Ça se professionnalise un peu plus. Tout le monde essaie d'aller dans le même sens, vers le même objectif commun, la Coupe du monde 2019 au Japon.

On n'a qu'une seule échéance à vivre tous ensemble, c'est cette Coupe du monde. Une échéance importante. Il nous reste peu de temps, mais on sait qu'on peut y arriver. Toutes les équipes de France arrivent à se transcender en phase finale de Coupe du monde, à aller chercher l'impossible.

Le Tournoi des Six Nations 2019 avait pourtant été un Tournoi difficile. L'équipe de France est dans une mauvaise passe malgré les premières sélections d'Antoine Dupont et de Romain Ntamack. On perd d'entrée contre le pays de Galles au Stade de France (19-24), puis on encaisse une grosse défaite en Angleterre (44-8). Malgré tout, j'arrive à être efficace et performant. Je marque contre le pays de Galles, l'Écosse, l'Italie et l'Irlande. Où c'est de nouveau compliqué (défaite 26-14). Sous le vent et la pluie, les Irlandais nous asphyxient dans notre camp pendant quarante minutes. On n'en pouvait plus. C'était un véritable cauchemar.

J'ai été titulaire lors des cinq rencontres et j'ai inscrit quatre essais. Mais à titre personnel, tu ne peux pas ressentir la même satisfaction que quand tu gagnes. Si j'avais réussi à tirer mon épingle du jeu sur ce Tournoi, la balance était négative. Tu ne prends pas de plaisir en marquant des essais quand ton équipe perd.

C'est le meilleur exemple des statistiques qui, parfois, ne servent à rien. Aujourd'hui, on voit que j'ai inscrit quatre essais et on peut penser que c'était un Tournoi exceptionnel. Alors que ce Tournoi 2019 est le pire de toute ma carrière. Psychologiquement, c'était très dur. C'est celui des six que j'ai disputés où j'ai pris le moins de plaisir. Je me suis accroché parce qu'il y avait une Coupe du monde derrière, mais sincèrement, en termes de jeu produit, c'était délicat. Le groupe était à la recherche de solutions, d'automatismes. On abordait chacun de nos matchs en manque de certitudes.

Je ne suis pas sûr d'aller à cette Coupe du monde au Japon à cause de mes douleurs au tendon d'Achille. Après la finale et la célébration du titre avec le Stade Toulousain, j'avais décidé de me faire des PRP – du plasma – pour reconsolider un peu tous les tendons. Le spécialiste me dit que si je veux vraiment que ça fonctionne, il faut de deux à trois semaines de repos. Ce qui va me mener quinze jours après le début de la préparation du XV de France…

Quand j'arrive, je dis donc qu'il me faut deux semaines *off*. Là, ils me regardent comme si j'étais fou. Ce qu'ils ne savaient pas – je ne pouvais pas tout leur annoncer d'un coup, sinon j'aurais direct sauté du groupe –, c'est qu'après ces deux semaines, il me fallait dix jours de réathlétisation…

Tous les matins, je devais prendre des bains d'eau chaude pour assouplir mon tendon d'Achille avant de le masser longuement. J'avais ensuite une préparation de quinze minutes pour enfiler mes crampons. C'était horrible. Je boitais terriblement. Au bout de quinze jours à Marcoussis, juste avant de partir pour le deuxième stage à Monaco, on cogne à ma porte. Jacques Brunel entre dans ma chambre et me dit : « Yoann, on vient de parler de toi avec le staff. On a du mal à voir la progression depuis deux semaines. Tu ne peux toujours pas courir… » Je sais bien que je ne peux pas courir. Mais Jacques ajoute : « À Monaco, il faut que tu coures, sinon tu sautes. » Là, je me dis : « Ce n'est pas possible, je ne peux pas sauter après tout ce que j'ai fait. Il faut au moins que j'aille jusqu'au Japon. Après, on verra… »

On arrive à Monaco, on fait le stage, et vers la fin, j'explique au préparateur physique qu'il me faut encore deux ou trois jours pour vraiment bien courir. Et il a réussi à négocier ces jours de plus ! J'ai bricolé comme ça. Je mettais les crampons, mais il me fallait des échauffements et des récupérations énormes pour pouvoir faire une heure d'entraînement.

Je vivais avec la douleur. En permanence. Quand tu joues au rugby, tu as toujours des douleurs. Aux épaules, au dos… Il n'y a pas un jour où tu n'as pas mal. Mais là, à mon tendon d'Achille, la douleur était terrible. Quand ma seconde fille est née, en 2018, je redoutais de rester seul avec elle parce qu'il me fallait dix minutes pour descendre l'escalier.

J'avais mis tout un schéma en place. Le matin, quand je me réveillais, j'essayais de tourner ma cheville – dix tours à gauche, dix tours à droite – pour commencer à la chauffer. Puis de haut en bas, dix fois également. Je répétais ces gestes deux fois avant de sortir du lit. Au bout d'un moment, ça me paraissait normal de faire ça même si je savais que c'était complètement fou d'accepter de souffrir autant. J'arrivais au stade à 7 heures du matin. J'allais dans le bain chaud, puis dans le bain froid pendant vingt minutes, puis massage avant l'entraînement. Faire tout ça pendant plus de deux ans, ça m'a vraiment fatigué, épuisé, même.

Chaque année, je faisais des PRP. Ça tenait quelques mois, et une fois que l'effet disparaissait, la douleur revenait, encore plus vive. Ça devenait usant psychologiquement. Mais je savais que, si je me faisais opérer, il y en avait pour cinq ou six mois. J'arrivais à la fin de ma carrière, j'ai donc privilégié l'option numéro deux. On va au bout du bout, comme je l'ai toujours fait, et on verra…

Mais quand le Stade Toulousain m'a proposé de signer pour une, voire deux saisons de plus, j'ai refusé parce que c'était leur mentir. Leur mentir sur mon état de forme, leur mentir sur mes capacités. Je ne pouvais pas. Enfin, si. J'ai essayé de camoufler mon état pendant ma dernière année de contrat. Mais après, je ne pouvais vraiment plus.

Au Japon, on monte en régime, on sent qu'on n'est plus très loin...

Finalement, je pars au Japon. J'arrive à négocier avec le staff de ne jouer que le dernier match de préparation, même si je sais que je prends un risque en leur demandant cela. Mais ils ont compris. « On va te préserver. On a besoin de voir tout le monde. Et tout le monde ne jouera pas les trois matchs. On te connaît, on sait l'expérience que tu as. En revanche, ne te loupe pas face à l'Italie ! » OK.

Je savais que si les autres joueurs à mon poste performaient lors des deux rencontres contre l'Écosse, je partais avec un handicap sur eux en vue de la Coupe du monde. Déjà que je n'avais fait qu'une moitié de la préparation... Je joue donc le dernier match de préparation contre l'Italie au Stade de France. Et, à l'expérience, j'essaie de sortir un bon match.

Côté résultat, j'espérais sincèrement qu'il allait y avoir un déclic. On part à la Coupe du monde 2019 avec un changement dans l'approche de la préparation physique. Thibault Giroud débarque avec ses ambitions et sa méthode. Et Fabien Galthié met sa patte sur le jeu.

Pour nous, l'objectif premier, c'était de nous qualifier pour les quarts de finale car notre poule, avec l'Argentine et l'Angleterre, était relevée et un peu compliquée. Personne ne nous voyait arriver en quarts de finale, et encore moins nous qualifier pour la demi-finale. Et pourtant, on est à deux doigts d'y parvenir… On a réussi à se hisser en quarts de finale en battant l'Argentine et en profitant, pour une fois, d'un coup de pouce : ce typhon qui a annulé notre match contre l'Angleterre.

On savait que notre qualification allait se jouer d'entrée, contre l'Argentine. Pour nous, ce premier match, c'était déjà un match éliminatoire. On savait que, si on le gagnait, après on serait tranquilles. On sortait d'un Tournoi des Six Nations complexe, mais on avait une détermination totale, avec une seule issue possible en tête : la victoire.

Fabien a été conseiller technique de l'Argentine, il nous prodiguait des conseils. On connaissait tous les joueurs argentins par cœur. On avait fait un travail d'analyse et de stats très poussé. On savait ce qu'allait faire chacun de nos adversaires, comment les contrer, comment les jouer. On a abordé cette rencontre en connaissant le système de jeu qu'on devait mettre en place contre eux pour pouvoir gagner. Et tout ce qu'on a essayé de mettre en place a fonctionné.

Romain Ntamack a intégré l'équipe seulement depuis le dernier Tournoi. Il est titulaire au poste d'ouvreur contre les Argentins, mais il n'y a pas de mots à lui dire. Il est tellement décomplexé que nous en finissons presque par nous remettre en question nous-mêmes. Est-ce que c'est normal de se mettre autant de pression pour le match d'ouverture de la Coupe du monde quand tu vois ce gamin de 18 ans buter sans trembler ?

L'Argentine a bien une pénalité en fin de match pour gagner, mais Boffelli la met à côté. Ça passe à une pénalité, donc, mais on ne s'est jamais mis en danger pendant ce match. On le démarre très fort. Le doute ne s'est jamais installé. Il y a quand même une justice parce qu'on a dominé devant. On se met donc à y croire un peu plus, à se dire que ce plan de jeu-là fonctionne.

Il y a un renouveau avec les arrivées de Fabien, Laurent et Thibault. Il y a une nouvelle stratégie de jeu, de nouvelles façons de se préparer. Même si on part de loin physiquement, d'après Thibault Giroud, on sent qu'au fur et à mesure des entraînements on monte en régime. On est de plus en plus performants, on répond à leurs attentes. On est là, on sent qu'on n'est plus très loin, qu'on s'en approche, qu'on est dans le vrai. On progresse, les choses se mettent en place tranquillement. L'ambiance et l'atmosphère s'en ressentent. On travaille dur, mais dans la bonne humeur. On rigole beaucoup car la confiance revient, et ça nous rend joyeux. Et ambitieux.

Après l'Argentine, ça ne se passe pas trop mal contre les Tonga et les États-Unis. Il n'y a plus de réelle inquiétude sur notre niveau. Néanmoins, même si on a un groupe de qualité, on sait qu'on n'a pas cette marge qui permet de faire tourner plus largement. On est donc restés mobilisés sur ces deux matchs qui se jouent à cinq jours d'intervalle.

Pour ma part, avec toutes les péripéties que j'ai pu connaître avec cette compétition, je reste totalement focalisé sur mon objectif de participer vraiment à cette Coupe du monde, de disputer le plus de matchs possible. Donc, mis à part une ou deux sorties qu'on a pu faire tous ensemble, un ou deux restaurants, je n'ai pas pris part aux excursions, aux visites. Je ne voulais pas m'éparpiller. Du peu que j'ai vu de ce pays, j'ai trouvé que les Japonais préféraient rester entre eux, qu'ils n'étaient pas très ouverts au monde, aux Occidentaux. Ça coupe un peu l'envie de vouloir visiter.

Il y a zéro tension dans le groupe. Notre capitaine Guilhem Guirado a été remis en question par la presse, mais jamais par nous. Il tient son rôle dans le groupe. S'il ne débute pas ces deux rencontres, c'est simplement par souci de gestion. Il n'est plus tout jeune, mais il n'y a aucun doute sur sa participation à la phase finale. Si la presse a semé le doute, le staff l'a rassuré en lui promettant de débuter les matchs importants. Son rôle a toujours été capital dans le groupe.

Et puis notre dernier match de poule contre l'Angleterre est annulé. On le savait plus ou moins depuis quelques jours, avec les alertes sur l'arrivée de ce typhon. Mais on n'a jamais eu peur. On est restés dans notre bulle. On ne regardait pas les infos. Quand la rencontre est officiellement annulée, on n'est pas surpris. On ne lisait pas la presse pour ne pas être déstabilisés par les articles assurant que, grâce au typhon, on avait la chance de ne pas affronter les Anglais contre lesquels on ne pouvait pas gagner. Sincèrement, on était prêts à jouer contre n'importe qui. On avait suivi une préparation très dure et on était sûrs de nos forces. On s'est donc employés à rester sur ce qu'on maîtrisait, à continuer à bien s'entraîner. On ne pouvait pas faire grand-chose de plus.

L'annulation de ce match, tant mieux ou pas pour nous, je ne sais pas. Je ne me suis jamais posé cette question, en fait. Je l'ai subie, comme les autres. On est en Coupe du monde, ça aurait été bien qu'on joue. Mais ça ne sert à rien de perdre de l'énergie sur des choses qu'on ne maîtrise pas. On sortait d'une grosse prépa, ça nous a permis d'optimiser la récupération et d'arriver frais contre le pays de Galles en quart de finale.

Je sais que l'équipe de France, c'est terminé pour moi

On se qualifie donc pour les quarts de finale. Face au pays de Galles. Ce match restera un regret éternel. Tout se déroule comme prévu. On rentre au vestiaire à la mi-temps en menant 19 à 10. On domine. On a inscrit trois essais. On est prêts. À la mi-temps, dans nos têtes, on se projette déjà quasiment sur la demi-finale face à l'Afrique du Sud. Et puis Sébastien Vahaamahina est expulsé…

À la première image sur le grand écran, je sais qu'il va prendre un carton rouge. Et on comprend tous que ça va devenir problématique. Mais on n'en veut pas à Sébastien. Ce sont des choses qui peuvent arriver… On ne perd pas ce match à cause de ce carton rouge. On ne perd que d'un point (20-19). Avec une expérience collective un peu plus grande, plus forte, on aurait été à même de remporter ce quart. Ce qui nous manque, ce qui nous fait défaut ce jour-là, c'est cette expérience collective. On n'arrive pas à garder le score, à faire bloc, alors qu'on y est. Cette équipe galloise, on pouvait la battre à quatorze.

Il y a donc, forcément, une énorme déception dans le vestiaire à la fin de ce quart de finale. Sébastien nous parle, s'excuse. On ne lui en veut pas, mais, sur le moment, on se pose tous la même question. Pourquoi ? Un plaquage haut, ça arrive. On maîtrise mal son geste, et voilà. Mais pourquoi ce geste, ce coup de coude en plein visage alors qu'on menait, qu'Antoine Dupont, sur ce maul, était bien parti pour marquer un essai qui nous aurait fait passer à + 17 au score ? On était en train de les enfoncer, et il n'y a rien qui justifie ce coup de sang. On dominait, notre match était maîtrisé de bout en bout. Il n'y a pas à en vouloir à quelqu'un, mais pourquoi ce geste à ce moment-là ?

Le plus dur, c'est de rentrer en France dès le lendemain matin. Tu viens de perdre et tu reçois un mail : « Préparez vos bagages, on part demain matin à 8 heures… » On se sépare, et c'est brutal. Je sais que l'équipe de France, c'est terminé pour moi. Je suis fatigué, je n'en peux plus. Et j'ai envie de partager plus de temps avec mes filles. Ma déception est donc immense.

C'est pour cela que j'ai pris du temps pour ranger mes affaires, pour sortir du vestiaire, pour quitter le stade. J'ai vraiment pris tout mon temps. Mais je ne suis pas triste. J'ai réussi à aller au bout d'une Coupe du monde – pas comme je l'espérais, certes, mais j'ai réussi à relever ce défi. Et maintenant, je sais que je vais pouvoir profiter des périodes internationales avec mes enfants.

Je n'ai jamais osé aller voir un adversaire pour lui demander son maillot

Je conserve mes maillots et ceux de certains de mes adversaires tous ensemble dans un grand sac. Je n'ai pas encore eu le temps de les trier. Au cours de ma carrière, ce n'était pas ma priorité. Récemment, j'ai enfin regardé ce qu'il y avait dans ce sac. Je me suis rendu compte que j'avais affronté pas mal d'équipes quand même… Je les ai tous étalés sur mon lit. Certains étaient encore sales.

J'en ai aussi donné quelques-uns. Le maillot de ma première sélection, je l'ai donné à ma mère et mon beau-père. J'ai également donné un des All Blacks – celui d'Israel Dagg – à mon beau-père pour le remercier de m'avoir emmené au rugby pour la première fois. Et comme il adore l'équipe de Nouvelle-Zélande… Celui-là était précieux, les All Blacks échangent rarement leur maillot.

Si je n'avais pas échangé mon maillot sur le terrain à la fin du match, je n'étais pas le genre à aller frapper à la porte du vestiaire des adversaires pour le faire ensuite. De même, je n'ai jamais osé aller voir un adversaire que j'appréciais pour lui demander d'échanger nos maillots. On ne dirait pas en me voyant, mais je suis un peu timide, j'ai beaucoup de pudeur.

J'ai aussi donné quelques-uns des miens portés en équipe de France à des proches et à des associations pour lever des fonds. Mais je ne les donnais pas à n'importe qui. Le maillot bleu, c'est important. Tu ne t'en débarrasses pas juste pour faire plaisir à quelqu'un qui t'aurait rendu un simple service. Je ne me voyais pas filer un maillot de l'équipe de France à une personne que je connaissais à peine et qui allait peut-être le porter. Ça demande tellement d'efforts de décrocher chaque sélection…

En 2015, j'avais été élu meilleur international français à la Nuit du Rugby. Cette récompense a de la valeur à mes yeux car ce sont les joueurs du Top 14 et de Pro D2 qui ont voté. C'était une reconnaissance de mes pairs. La reconnaissance de tous les efforts que j'avais consentis pour être performant. Il faut les prendre, ces moments-là, car ils sont rares. J'étais plein de gratitude quand j'ai reçu ce prix.

Dans le rugby, on a plutôt l'habitude de se cacher quand on reçoit ce genre de récompense. Il ne faut pas faire de bruit, ne pas trop en parler, parce que c'est le collectif avant tout. Je savais très bien que je le devais également à mes partenaires, que je n'aurais pas été récompensé sans eux. Mais ça ne m'a pas empêché d'en être fier.

Il y a des matchs où j'ai eu des trous noirs

Les commotions cérébrales, au début, on en rigolait. « Ah, toi aussi, t'as été mis K.-O. » Je me souviens d'un match entre la Nouvelle-Zélande et la France lors d'une tournée, en juin 2013. En face, il y avait Rene Ranger. Sur une percussion, j'essaie de le plaquer et je m'assomme. Je prends un gros K.-O. Le docteur vient me voir sur le terrain et me dit : « Tu es obligé de rester, on ne peut plus faire de changements. » C'était il y a seulement onze ans ! Je reste donc, et derrière, je me prends deux ou trois chandelles sur la tête. J'étais alors en chambre avec Wes. Il me confiera plus tard : « Tu étais tellement à l'ouest ! Quand je voyais tes yeux… »

Il y a eu des matchs où j'ai eu des trous noirs. Mais avec l'évolution des connaissances, j'ai fait plus attention. Tu comprends que c'est ta santé et ton après-carrière qui sont en jeu. Qu'il y a des risques graves. On en prend de plus en plus conscience. Je suis devenu plus précautionneux. On l'est tous devenus.

Mais le travail en amont n'est pas assez accentué. Un boxeur, quand il rentre sur le ring, il sait qu'il va prendre des coups à la tête. Et pourtant, il ne fait pas un K.-O. à chaque coup reçu. Il faut regarder comment s'entraînent les autres sportifs. Il y a encore du travail à faire. On néglige certaines pistes qui minimiseraient le risque de K.-O. Un travail de gainage de la nuque, par exemple.

À mon avis, ça ne va pas dégénérer. Je trouve qu'on prévient de mieux en mieux les risques, on protège de mieux en mieux les joueurs. Je comprends parfaitement les mesures strictes qui sont prises, même si, parfois, je regrette que certaines ne soient pas un peu plus claires.

Un joueur veut toujours jouer. C'est un compétiteur. Il veut toujours retrouver les terrains le plus vite possible. Un genou, c'est huit mois. Il veut revenir en six… Une déchirure, c'est quatre semaines. Il veut revenir en deux… C'est l'esprit de compétition qui veut ça. Mais on devrait essayer d'être moins pressés, se forcer à temporiser. Se dire que ces deux semaines-là ne vont pas changer ta carrière.

C'est le gros danger des K.-O. S'arrêter deux semaines ou quatre, ce n'est pas du tout pareil. Et là, on parle de conséquences bien souvent irréversibles. C'est un travail d'information, de prévention. J'ai la sensation qu'il est bien fait. On est sur la bonne voie.

Mais les joueurs sont devenus des citrons. On les presse, toujours et encore, jusqu'à ce qu'il n'y ait plus de jus. Plus rien. En club, on essaie de les entendre, de les comprendre. Mais les clubs ont aussi besoin d'eux. Et ce sont eux qui les paient. Mais quand le joueur est mort, tu ne peux plus rien en tirer. Il faut donc les écouter quand ils préviennent avoir besoin d'une coupure.

Grégory Alldritt a bien fait d'en parler au Stade Rochelais. Mais c'est une démarche délicate. La seule fois où je suis allé voir Ugo Mola en ce sens, c'est parce que je n'arrivais plus à dormir. J'avais passé tout le mois de septembre 2019 ainsi. On sortait de la préparation physique, il avait fait très chaud et j'étais épuisé. J'étais tellement fatigué que je n'arrivais plus à récupérer. Je n'en pouvais tellement plus que j'ai réussi à lui dire : « Sincèrement, Ugo, j'ai besoin que tu me laisses quinze jours *off*. Je n'en peux plus. Je ne peux plus jouer au rugby. Ça me sort par les yeux. Je suis tellement fatigué tous les matins… » J'étais K.-O. Il m'a écouté.

Mais c'est dur de faire cette démarche. J'ai pris sur moi pendant les trois semaines où ça n'allait pas bien. C'est pour cela que la période Covid a été une vraie bouffée d'oxygène pour moi. J'étais à bout. Ça m'a permis de me régénérer. J'étais tellement bien pendant ces quelques semaines de coupure…

Le joueur qui n'ose pas parler va se blesser, malheureusement. Ça se passe comme cela dans le rugby. C'est ton corps qui va parler à ta place. Et la blessure devient finalement le seul moyen de se reposer. Même si on laisse régulièrement une ou deux semaines aux internationaux, enchaîner une compétition comme le Tournoi des Six Nations avec une autre comme le Top 14 ou la Champions Cup, c'est épuisant pour l'organisme. C'est épuisant mentalement également.

Et puis, il y a aussi l'environnement. Quand tu as passé deux mois, comme pendant le Tournoi, ou même quatre mois, comme pour une Coupe du monde, loin de ton club, quand tu y reviens, des choses ont forcément changé. Le club vit sans toi. Tu dois t'adapter à tes coéquipiers qui ont pris de la place dans le vestiaire, tu dois t'ajuster au système de jeu qui a évolué. C'est comme si tu arrivais dans un nouveau club. Il faut te réadapter à ton quotidien.

« Les gars au café m'ont dit que tu avais été bon »

Mon grand-père maternel était portugais. Il avait fait la guerre en Angola, qui était alors une colonie du Portugal. Ensuite, avec sa famille, il est venu s'installer en Ariège, à Foix. Il a fait venir son cousin. Ils travaillaient tous les deux dans une usine de bois. Donc, toute ma famille, mes cousins, mes cousines, nous sommes tous originaires de l'Ariège, où il y a une grosse communauté débarquée du Portugal. Moi, je suis né à Pamiers, le 2 juin 1987. Ma mère, Maïté, avait quitté Foix et s'était installée dans cette ville parce que c'est là où il y avait le plus de vie, et donc le plus d'opportunités de travail. C'est un bassin économique, certes pas très gros, mais quand même plus important qu'à Foix.

Mon grand-père, Antoine, est évidemment très foot. Le rugby, ça ne lui parle pas trop. À part collectionner les coupures de journaux, les articles qui parlent de moi, il ne regarde jamais de matchs de rugby. Même pas les miens ! Son rituel est toujours le même. Il va au café, et après, il m'appelle.

« C'est bien, tu as fait un bon match.

– Ah bon, cette fois, tu as regardé ?

– Non, non. Mais les gars au café, ils m'ont dit que tu avais été bon… »

C'est rigolo.

Quand ma sœur était encore trop jeune pour me garder, j'ai passé beaucoup de temps avec lui. Ma mère travaillait alors en discothèque. Elle rentrait très tard, pas avant 6 heures du matin. Alors, le week-end, je partais chez mon grand-père, à Foix. On avait une relation très proche. C'était un week-end nature et religion. On faisait aussi toutes sortes de travaux qu'il avait programmés. Pas des travaux essentiels, mais prioritaires pour lui. On a même monté ensemble des petits murs. On faisait aussi du nettoyage et du jardinage. Tous les dimanches, on allait à la messe puis on déjeunait. Toujours le même repas : riz et poulet-frites. Ces moments de partage avec lui m'ont inculqué de nombreuses valeurs. Aujourd'hui encore, ma relation avec mon grand-père est fusionnelle. Nous nous appelons très souvent.

J'étais très proche également de ma grand-mère, qui est décédée quand j'étais gamin. On avait une forte relation. Et bizarre en même temps. Sans se parler beaucoup. Je me mettais à côté d'elle quand elle préparait les repas. J'ai toujours été entouré de femmes dans ma vie. Ma grand-mère, ma mère, ma sœur, avec laquelle j'étais toujours, aujourd'hui encore. Si je n'ai pas l'une au téléphone, j'ai l'autre. Il y a toujours un problème à gérer. Et mes deux enfants, ce sont deux filles. C'est marrant. C'est la continuité.

J'allais beaucoup au Portugal pendant les vacances quand j'étais gamin. Je n'y suis plus retourné depuis longtemps.

J'ai de la famille là-bas, mais pas d'attaches réelles avec ce pays. Toute ma famille proche est en France. Plus jeune, je voyais souvent mes nombreux cousins et cousines. Ça m'est resté. J'aime bien rassembler la famille. Chaque fois que je descends en Ariège, j'organise une réunion de famille. Parce que sinon, en dehors des mariages et des enterrements, on ne se voit malheureusement jamais. Si on n'organise rien, on ne se verrait presque jamais. C'est dommage car on est une grande famille et on s'entend tous bien. Il faut en profiter.

Gamin, pendant dix ans, je suis allé prier sainte Marie à l'église de Foix tous les dimanches. C'était le rituel avec mon grand-père. En grandissant, j'en ai eu assez. Vers 12, 13 ans, j'ai eu ma période petit con et j'ai arrêté d'aller à l'église. Quand j'étais jeune, je suis allé contre tout, ou presque, ce qu'on m'avait inculqué.

Mais plus tard dans ma vie, j'ai éprouvé le besoin d'y revenir. Je suis resté attaché à la religion chrétienne sans être non plus un pratiquant assidu. Je faisais une petite prière avant les matchs et en rentrant au vestiaire. Mais c'était tout.

En fait, c'était comme un moment de méditation pour moi. Je n'arrive pas à méditer parce que j'ai toujours trop d'informations, de pensées, en tête. Mais le fait de prier me permettait de redescendre mon rythme cardiaque en pensant à autre chose. Je ne prie cependant pas tous les jours.

Ma mère et mon grand-père, eux, m'appelaient avant chaque match pour me dire qu'ils avaient prié pour moi. Ils me disaient : « C'est bon, tu peux jouer. » Ça les rassurait plus eux que moi… À mon tour, j'emmène parfois mes filles à l'église. Parce que je trouve ces endroits beaux. J'adore visiter des églises.

Pourquoi je fuis les bars

Ma mère a également tenu un bar, qui s'appelait le *Tina Brazil*. Tina parce que les gens trouvaient qu'elle ressemblait un peu à Tina Turner et s'amusaient à l'appeler ainsi. Et Brazil parce que la décoration intérieure du café s'inspirait de ce pays. Elle en était la propriétaire, c'était son affaire. Si elle se démenait autant, c'était pour que celle-ci tourne bien. Je l'accompagnais très souvent. C'est pour cela, sans doute, que je fuis les bars aujourd'hui. J'en ai trop vu. Je sais trop comment ça se passe, les gens qui arrivent dans un état normal et qui repartent dans un état d'ébriété assez avancé.

Ces changements de comportement m'effraient un peu. Quand je vais en soirée, je pars toujours avant 1 ou 2 heures du matin parce que je sais très bien qu'avec l'alcool le comportement des gens va changer à mon égard. Quand j'arrive, en début de soirée, les personnes m'abordent poliment, en me disant bonsoir. Et puis, l'alcool aidant, au fur et à mesure, ils se permettent des choses. En prétextant que, comme ils ont bu, ce n'est pas grave de m'attraper par le cou, de me prendre en photo sans me le demander préalablement.

C'est très souvent bon enfant, mais parfois ça devient agressif. Tu sens qu'à la moindre parole ça peut déraper. Je n'aime vraiment pas ce changement de personnalité lié à la consommation d'alcool. À partir d'une certaine heure, ça bascule. Les gens deviennent d'un coup très familiers avec moi.

Aujourd'hui, avec notre image publique et les réseaux sociaux, on ne peut pas se permettre le moindre écart de langage ou de geste. Même si on a les meilleures raisons du monde, elles ne seront jamais assez bonnes pour le justifier. J'aurais tout de suite le droit à « Regardez, c'est Huget qui s'est attrapé avec quelqu'un »...

J'ai vu ma mère sortir des gars de son bar. Elle n'avait peur de personne et se faisait respecter. Elle occupait le rôle de patronne, mais aussi de portier, le soir. Quand des mecs parlaient mal, elle faisait le tour du comptoir et elle les mettait dehors. Et si le gars n'était pas content, se mettait à l'insulter, c'était pareil.

Elle ne transigeait jamais sur le manque de respect. Elle voulait qu'il soit de mise dans son établissement. À force, les clients le savaient. Dès qu'elle haussait le ton ou simplement qu'elle fronçait les sourcils, tout le monde se calmait et reprenait son verre sans rien dire. C'était pareil à la maison. Personne n'osait discuter son autorité. C'est elle qui m'a donné ce tempérament et ce courage. Le fait de se dire qu'il faut régler les problèmes tout de suite, ne pas les fuir.

Elle avait de grosses journées. Elle commençait à 20 heures et finissait à 4 heures du matin. Mais à 8 heures, elle se levait toujours pour nous préparer le petit déjeuner. Ensuite, c'était sieste obligatoire à 15 heures. On savait qu'il ne fallait pas faire de bruit.

Ma maman a toujours été mon moteur dans le rugby. Moi, j'ai eu la chance de toujours exercer ma passion. Je ne pouvais pas – je ne voulais pas – me plaindre quand j'étais fatigué sous prétexte que je jouais au rugby. Je me sens privilégié d'avoir eu cette vie-là, ces horaires-là. J'ai essayé de profiter de chaque instant que le rugby m'a donné.

Quand je vois tout ce que ma mère a été obligée de faire, les efforts consentis, ne serait-ce que pour m'acheter – nous acheter – une paire de baskets ou un vélo, me mettre dans un certain confort en me payant un appartement pendant un an… C'était difficile à chaque fois.

Grâce à elle, à tous ses efforts, j'ai pu réussir. Je lui suis redevable de tout cela. Je ne pouvais pas me planter. Enfin, tu as le droit de te planter si tu n'es pas assez bon. Mais je n'avais pas le droit de me planter parce que je ne faisais pas les efforts nécessaires pour réussir ou parce que je sortais le soir. C'était surtout cela, mon moteur. C'est pour elle que je m'entraînais plus que les autres.

« Si tu vois Chabal, tu t'écartes ! »

Ma mère avait peur que je joue au rugby. Elle avait peur pour son fils, c'est naturel. Elle ne connaissait pas trop le rugby. Pour elle, ce n'est pas normal de voir son fils se faire plaquer durement par deux mecs, de le voir rester au sol après avoir été pris en l'air… C'est d'ailleurs en me souvenant de ce qu'elle ressentait que je n'ai pas autorisé mes filles à venir me voir jouer. Quand tu n'es pas dedans, c'est impressionnant.

Un soir, je me souviens, elle m'appelle. L'Aviron bayonnais va affronter le Racing le lendemain. Elle me dit : « Si tu vois Chabal, tu t'écartes ! » Elle était dans son rôle de mère. Mais moi, dès que j'ai vu Chabal, je l'ai plaqué. Je sais qu'au poste d'ailier, il est déterminant d'accomplir des actions qui emmènent l'équipe avec toi. Qui montrent à tes coéquipiers qu'ils peuvent compter sur toi. Alors j'essayais de prendre le plus fort de l'équipe adverse pour montrer qu'il n'était pas surhumain. Ça apporte une énergie positive supplémentaire.

Après l'avoir plaqué, en me relevant, je me suis quand même dit : « Attention à la deuxième confrontation avec lui, parce que je pense que je peux rester au sol… » C'est comme si j'avais plaqué un poteau électrique. Tout mon corps avait vibré, de la tête aux orteils. Pourtant, il ne m'avait pas vu arriver et je m'étais engagé fort. Bon, heureusement, il n'y a pas eu de deuxième occasion de croiser la route de Seb. J'ai eu de la chance. Cette action aura pesé dans ma carrière. Après le match, Christian Gajan m'a dit : « Même si tu n'as pas marqué, aujourd'hui, ton plaquage va convaincre Marc Lièvremont de t'appeler, j'en suis certain. »

Paradoxalement, ma mère venait voir mes matchs au stade. Parce qu'elle adorait l'ambiance dans les tribunes. Elle aime bien crier. Mais comme elle ne connaît pas bien le rugby, elle criait parfois alors qu'il n'y avait pas faute. C'était difficile pour elle quand je restais au sol. Elle a toujours pensé que c'était un sport dangereux. Dès le début. Quand j'étais gamin, elle prenait un chapelet avec elle en regardant mes matchs.

Sa passion a grandi au fur et à mesure. Depuis que j'ai arrêté de jouer, elle va plus souvent que moi voir des matchs au stade ! Au début de ma carrière, elle ne prenait pas ça vraiment au sérieux. Elle savait que j'étais passionné par le rugby, mais pour elle, ce n'était qu'un jeu. C'est comme ça que je me suis retrouvé au Stade Toulousain. « Tu aimes Toulouse ? Alors, je vais essayer de te mettre à Toulouse pour te faire plaisir. » Elle ne savait pas, ne se rendait pas compte de tout ce qui pouvait arriver derrière. Moi non plus d'ailleurs.

Quand on est allés à Toulouse, ce n'était pas dans l'optique que je devienne joueur professionnel. C'était juste pour me faire plaisir parce que je regardais deux cassettes VHS des matchs du Stade Toulousain tous les soirs. C'était plus le côté « maman qui veut faire plaisir à son fils » que le côté « entraîneur qui veut me faire progresser ».

Ma grande sœur, mon petit frère

Ma grande sœur, Lætitia, est plus âgée que moi de six ans. C'est elle qui a repris le rôle de mère quand notre maman travaillait. Mais je ne dirais pas que c'était ma confidente parce qu'elle répétait à ma mère tout ce que je lui disais. J'ai vite compris qu'il valait mieux me taire… Elle se substituait donc à ma mère. Le soir, c'est elle qui surveillait mes devoirs, qui me faisait à manger. En endossant ces responsabilités, finalement, elle n'occupait plus vraiment le rôle de sœur. J'étais sous son aile. Donc on a perdu notre complicité de frère et sœur. Cette complicité est revenue quelques années plus tard, quand j'étais plus âgé.

Quand elle voulait voir son petit copain, comme ma mère travaillait, j'étais obligé d'y aller avec elle, de l'accompagner. J'étais vraiment considéré comme son fils. Parfois, je ne me privais pas de l'emmerder. À l'inverse, quand je voulais qu'elle m'emmène quelque part avec elle, j'étais tout gentil. Mais franchement, je n'étais pas un enfant compliqué, perturbateur. On me disait « Tu vas là », j'y allais. Il m'est arrivé de faire de petites conneries, mais qui se réglaient facilement. En une heure au maximum, c'était géré.

J'ai également un jeune demi-frère, Alex. On a seize ans d'écart. J'occupe vraiment le rôle du grand frère. On a passé beaucoup de moments ensemble. Il venait le week-end avec moi pour m'accompagner sur des matchs, je l'emmenais en vacances régulièrement. On a une vraie relation petit frère-grand frère. On a toujours partagé beaucoup de choses. Il lui arrive encore de venir passer un week-end avec moi.

C'est un garçon travailleur. Il venait régulièrement me voir à l'entraînement car il adore le rugby. Il joue centre ou arrière à Pamiers. Il y a cinq, six ans, il m'avait dit : « C'est génial ce que tu fais. C'est trop bien, je veux faire ça aussi ! » Je lui avais expliqué que ça ne se choisit pas. Tu as envie ou tu n'as pas envie. Pour le savoir, je lui avais proposé, pendant ses vacances scolaires, de venir passer une vraie semaine d'entraînement avec moi au Stade Toulousain. Là, il a vu la partie immergée.

Le premier jour, quand je l'ai réveillé à 5 h 45 du matin, pas de problème. Puis le troisième jour, il a commencé à me dire : « C'est dur, quand même… » Pourtant, il ne faisait que regarder. Parfois, il prenait le ballon pour taper un peu, ou il allait courir. En revanche, il faisait les siestes comme moi. Au milieu de la semaine, je lui dis : « Allez, on fait les entraînements ensemble ! » Je lui avais préparé des exercices pour le pousser un peu, voir jusqu'où il était capable d'aller, mais en restant raisonnable. J'avais été cool, ce n'était pas si dur que ça.

Premier tour d'exercices, ça va. Deuxième tour, ça va. Et puis, au troisième, il a commencé à s'écrouler. Je savais que c'était plus mental que physique. Un mec qui veut vraiment réussir, il s'accroche pour aller au bout des cinq tours, il ne s'arrête pas. C'était pour le confronter à la réalité.

Joueur de rugby, ce n'est pas que les stades pleins. C'est aussi travailler tout seul sous la pluie. Je vois à sa tête qu'il comprend alors que le rugby pro, c'est ça aussi. Ce n'est pas juste les quatre-vingts minutes de match, les photos et les autographes après la rencontre. Que cela nécessite un travail quotidien et individuel en plus des entraînements. Quand tu y vas seul avec ton sac de ballons et que tu n'as personne pour te les renvoyer quand tu t'entraînes au pied...

Son truc à lui, c'est l'armée. Là, il est vraiment passionné, depuis tout petit. Au point de vouloir s'engager. Il n'a pas hésité à partir une semaine tout seul à Tarbes rejoindre des gens qu'il ne connaissait pas pour apprendre à sauter en parachute. C'est la preuve que, quand tu es vraiment motivé pour faire quelque chose, tu vas au bout. Avec l'armée, il a la même ligne directrice que moi avec le rugby. Il ne lâche rien. Il s'y prépare d'arrache-pied. Sa volonté d'y parvenir m'épate. Il est en fac, en management, à Strasbourg. Et quand il aura son diplôme, il a prévu d'aller s'engager au régiment de parachutistes d'infanterie de marine basé à Bayonne.

J'ai très peu connu mon père biologique

Je n'ai pas connu mon père biologique. Ou du moins, je l'ai très peu connu. Mais je n'ai aucun tabou à parler de lui. C'était un artiste dans l'âme. Il était DJ, il écoutait beaucoup de musique. J'ai eu quelques moments en sa compagnie, mais son rythme de vie ne me convenait pas. La vie conventionnelle, un travail en CDI, ce n'était pas pour lui. Il vivait un peu en marge de la société. Il travaillait et dormait dans un hôtel à côté de Mirande, dans le Gers. *L'Auberge de la Vallée*.

Quand il venait me chercher pour passer les vacances avec lui, il me manquait des repères, une maison. Tant que j'étais petit, je ne m'en rendais pas vraiment compte. C'était même amusant de dormir dans une chambre d'hôtel pendant deux semaines. Mais en grandissant, je me retrouvais là-bas sans copains, sauf le fils du patron de l'hôtel. Quand le rugby a pris plus d'importance, il a fallu faire un choix. Partir trois semaines ou un mois avec lui, c'était devenu impossible. Nos chemins se sont un peu plus séparés encore, et notre relation s'est distendue. De son côté, il n'a fait aucun effort pour la maintenir.

Je lui en ai énormément voulu. Comme il ne donnait plus de nouvelles, je croyais qu'il avait refait sa vie, qu'il avait peut-être d'autres enfants. Ce n'était pas le cas. J'étais son seul fils. Je comprends donc encore moins comment il a pu faire cela, rompre tous les liens avec moi. Il aurait au moins pu m'appeler, prendre des nouvelles de temps en temps. Je ne sais pas pourquoi il n'a pas gardé le contact avec moi. Il a coupé notre relation.

J'ai toujours cru que le rugby ne l'intéressait pas. Il ne m'en parlait jamais. Et quand il est décédé – je jouais alors à Bayonne –, comme je suis son seul enfant et qu'il s'était coupé de toute sa famille, je me suis occupé de son enterrement et de toutes ses affaires. Là, j'ai découvert avec surprise qu'il gardait des photos, des articles de mes matchs. J'ai ressenti une forte émotion en voyant ça.

Étant père désormais, je sais à quel point c'est difficile quand tu ne vis pas dans la même ville que tes enfants. Mais il y a des personnes qui agissent d'une autre manière. Sa vie, il l'a menée comme il entendait la mener. Je ne lui en veux pas, mais quelqu'un avait pris sa place…

Quand j'avais 6 ans, ma mère s'est mise en couple avec un autre homme, Philippe, qui a pris la relève au pied levé. Et remarquablement. Maintenant que je suis père, je me rends compte de tout ce qu'il a fait pour nous. Aujourd'hui, même s'il est séparé de ma mère, je suis toujours en relation avec lui. C'est vraiment mon point d'appui en tant que rôle masculin.

Il était passionné par le rugby. Il l'est toujours. C'est un bénévole dévoué au rugby et au club amateur, notamment à Pamiers, où il œuvre encore. Il tenait absolument à ce que je pratique un sport. Comme dans cette petite ville le rugby est roi, il m'y a naturellement emmené. Je me souviens de la première fois. J'ai 6 ans et je porte un petit sac à dos Mickey. Je ne sais pas d'où il sortait ce sac à dos, je ne l'avais jamais vu, mais j'ai cette image en tête : je marche pour aller à l'entraînement avec lui. En lui posant dix mille questions : ce qu'il faut faire, comment il faut faire… « Bah tu verras », me répond-il. Je pense qu'il en avait marre de toutes mes questions.

Le rugby cochait toutes les cases

Je jouais à Pamiers avec tous mes potes. J'avais ce sentiment d'appartenance à quelque chose. À cet âge-là, il faut qu'on appartienne à une bande, à un groupe. Moi, c'était ce club. Quand on croisait les anciens en soirée, ils nous prenaient sous leur aile. On était les petits, et les grands nous protégeaient.

Aujourd'hui, alors qu'on a des parcours de vie totalement différents, on est toujours amis. C'est ce qui est incroyable avec le sport en général et le rugby en particulier. Éric Sans, le mec que je regardais avec des étoiles dans les yeux parce qu'il jouait en junior à Pamiers, qu'il en était le capitaine, nous sommes toujours amis des années plus tard. C'est le rugby qui veut ça. Quand il m'appelle, je viens. J'ai ce respect envers lui parce qu'il est plus âgé que moi. J'ai toujours ce sentiment d'être redevable envers les personnes un peu plus âgées.

À l'époque, avec les potes, nous étions tout le temps ensemble. À l'école, au club de rugby. C'était ça le plus dur, quand je suis parti à Toulouse : les quitter. Parce que tu sais pertinemment qu'ils vont avancer et que toi, de ton côté, tu vas avancer également. Et que ce ne sera plus jamais pareil. Tu ne partages plus leur quotidien et, de ce fait, tu perds des amis en route.

On faisait quelques bêtises, les quatre cents coups comme on dit, mais sincèrement, on a été sages. Je n'ai jamais eu la sensation de trop en faire. Comme je n'aimais pas la bagarre, je n'ai jamais rien fait de bien grave. Dans les environs, tout le monde nous connaissait. Nous étions donc très respectueux pour ne pas embarrasser nos familles. On ne cassait pas. On n'avait pas de vices. On ne faisait que de petites bêtises, jamais de grosses folies. On connaissait les limites. Je ne me souviens pas que ma mère ait été obligée de me punir, par exemple.

J'avais mon cercle, avec mon meilleur ami qui habitait juste à côté de chez moi. Avec trois autres potes, on avait chacun notre BMX et on se prenait pour des cadors. On en faisait toute la journée. Du vélo et du sport. On était déjà là-dedans. On prenait notre goûter, et hop, on partait pour l'après-midi. Il n'y avait pas de terrain de paintball, je ne sais même pas si ça existait déjà à l'époque. Mais on avait nos pistolets à billes. On allait sur une colline à la sortie de Pamiers, et pendant des heures, on faisait nos jeux de guerre.

Nos mères nous disaient « Vous rentrez à 16 heures », et on rentrait deux heures plus tard. Parfois, elles se sont peut-être demandé ce que l'on pouvait bien faire, mais elles savaient que nous étions des bons garçons. Je pense que nos mères n'étaient pas très inquiètes avec nous.

J'ai l'impression que c'était une évidence que j'arrive au rugby. Ça cochait toutes les cases et j'ai tout de suite accroché. Je cirais mes crampons avant les entraînements, avant les matchs. Je lavais mes chaussures à crampons sur la table à manger. Ma mère n'était pas très contente. Il fallait mettre du papier journal, deux couches. C'était toute une méthode…

C'est resté. Toute ma carrière, j'ai nettoyé mes crampons avant chacun de mes matchs. Jusqu'au dernier. Je continuais à le faire alors que j'en avais des neufs. Mais il fallait que je les lave, comme mon beau-père me l'avait indiqué… J'avais des crampons que j'utilisais pour les matchs, et d'autres juste pour l'entraînement. Ça aussi, c'est resté pendant longtemps.

En Ariège, on est un peu des rustres. Chaque fois que je discutais avec des coéquipiers de Toulouse, ils me disaient qu'ils étaient tous venus jouer au moins une fois dans le coin et que ce n'était jamais facile. Les anciens cultivaient ça. Le jeu en lui-même n'était pas très important. L'important, c'était le combat. Les adversaires, quand ils venaient chez nous, savaient que ça allait être un match difficile. On tient à cette philosophie. Ce n'est pas facile de venir jouer et de gagner en Ariège. Dès gamin, on te répète ça, on te l'inculque.

Mais moi, je n'étais pas du tout comme ça, je n'avais pas cette culture-là. C'est pour ça que j'étais un peu en marge. Tout le monde plaquait à tire-larigot, aimait s'accrocher avec l'adversaire. Je restais loin de tout ça parce que, à la télé, je regardais des Émile Ntamack, des Thomas Castaignède. Je ne les voyais pas faire ça. Ceux qui faisaient cela, c'étaient les gros. Les Christian Califano, les Patrick Soula…

Comme je ne voyais jamais Milou Ntamack aller là-dedans, je n'y allais pas. Car je voulais tout faire comme lui. Lui ne va pas se battre, pourquoi, moi, j'irais ? Je me souvenais de son essai sur interception contre l'Irlande lors de la Coupe du monde 1995. J'avais trouvé ça génial ! À chaque match, j'essayais de réussir des interceptions. J'avais déjà une grosse pointe de vitesse, mais je ne m'en rendais pas compte. C'était naturel, ce n'était pas travaillé. On me disait : « Dès que tu as le ballon, tu fixes le poteau de touche et tu aplatis. » Comme j'avais un peu peur que des gros me plaquent, j'essayais d'aller marquer le plus vite possible. Donc je courais le plus vite possible.

Mon beau-père, Philippe, entraînait l'équipe de jeunes avec Benoît Alvarez. Jamais il ne m'a fait faire de séances supplémentaires. Il faut dire que je passais déjà beaucoup de temps à jouer au rugby. Lui jouait le dimanche. Il était numéro 8. Et quand les grands faisaient leur troisième mi-temps, avec tous les enfants, on refaisait le match. De 18 à 22 heures. C'étaient de gros matchs. Dans l'en-but, il y avait deux frères qui se battaient tout le temps. Il y a eu de bonnes parties de rigolade. C'est ça, le rugby : les enfants qui se retrouvent pour courir sans arrêt et finir écarlates. On s'endormait au retour dans la voiture. Et le lundi matin, on avait école. Je n'avais pas le temps pour des entraînements en plus.

C'est lors de ces matchs interminables dans l'en-but que j'ai acquis ma vitesse, mes crochets. Dans un espace aussi réduit, tu avais intérêt à échapper aux plus grands. On n'était pas classés par âge. On jouait tous ensemble, des gamins avaient trois ou quatre ans de plus que moi. Et ça plaquait fort. C'était notre Championnat du monde.

Qu'est-ce que je peux faire de plus pour le rendre heureux ?

Bien entendu, en tant que beau-père, Philippe s'est également substitué au rôle d'entraîneur. Il m'a suivi pas mal de temps en me mettant une pression que je ne comprenais pas. Chaque action, c'était pour moi, c'était ma faute, ce n'était jamais bien, jamais comme il faut. Je faisais six interceptions sur un match – parce qu'avec un ami, on comptait les interceptions qu'on faisait sur les tournois –, mais je pouvais faire mieux. Je pouvais faire plus. Je m'en souviens, je me demandais tout le temps : « Mais qu'est-ce que je peux faire de plus, de mieux, pour le rendre heureux ? » Je ne comprenais pas quand j'étais gosse. Mais aujourd'hui, je comprends.

Il s'est occupé de notre équipe, et donc de moi, pendant deux ou trois ans. Ensuite, il a pris une autre génération, celle au-dessus de la nôtre. Mais il m'a aussitôt surclassé. Il voulait me garder. Ça surprend de jouer avec des gars qui ont un ou deux ans de plus que toi. Tu vois des mecs impatients de jouer en première, ils ont 15 ans et ils arrivent en scooter. Ce sont des grands. Alors, tu t'assieds où il reste une place. Tu mets tes chaussettes, tu enfiles ton maillot à côté de ces mecs qui ne te regardent même pas. Qui ne te calculent pas. Et puis, comme partout et dans toutes les générations, la vérité est sur le terrain. Quand ils ont vu qu'il n'y avait plus de différence d'âge, que je répondais présent, que j'étais comme eux, j'ai vite intégré l'équipe. J'ai fait quelques tournois avec eux, c'était sympa.

J'ai tout de suite joué ailier. Parfois centre. Je vagabondais sur le terrain. Ma position pouvait changer parce que mon beau-père m'avait rabâché qu'il fallait que je bouge sur le terrain. Il voulait que je touche des ballons. Une fois, je me souviens, j'étais resté sur mon aile, j'avais touché deux ballons. Et j'avais inscrit deux essais. Après le match, il me demande : « T'es content de ton match ?

– Oui, j'ai marqué deux essais…

– Et tu as touché combien de ballons ?

– Deux.

– Et donc, ça te suffit de toucher deux ballons ? »

Ça aussi, ça m'est resté. OK, il faut que je touche plus de ballons. Alors je courais, je courais. Partout. Pour toucher le maximum de ballons, pour aider les mecs.

Le seul regret de ma carrière, c'est de n'avoir jamais joué avec l'équipe première de Pamiers

Il arrive un moment, à l'adolescence, où mon beau-père et ma mère – mes parents – se séparent. Ce qui signifie que le jeune adolescent que j'étais, quand mon beau-père est parti, se retrouvait tout seul tous les soirs. Ça a duré deux ans avant que je ne parte à Toulouse, mais cette période était dangereuse. Parce que si tu tombes sur la mauvaise personne au mauvais moment, ça peut être risqué. Si je n'avais pas eu le rugby…

Je ne dis pas que le rugby m'a sauvé, loin de là, mais il m'obnubilait. Quand mes potes allaient à toutes les fêtes de village aux mois de mai et de juin, la période où elles commencent, je refusais de les accompagner. Parce que c'était la période des gros tournois et que j'avais envie de m'y éclater. Donc, je restais chez moi pour assurer l'objectif que je m'étais fixé. Le rugby m'a permis de me recentrer. Chaque fois que j'étais tenté de sortir, d'aller à ces fêtes de village, je finissais par renoncer. Je disais à mes potes d'en profiter, mais je ne les accompagnais pas.

J'étais à cette époque déjà complètement fan du Stade Toulousain. Je visionnais toutes les cassettes VHS des matchs de Toulouse. Encore et encore. Tous les soirs.

Je m'endormais avec les victoires de 1996. À un moment donné, ma mère me dit : « Écoute, on m'a demandé si tu voulais aller à Toulouse. Ils t'ont vu sur des tournois. Tu vas passer des tests et on va voir si ça marche. Si ce n'est pas le cas, ce n'est pas grave… » À 14 ans, me voilà donc parti à Toulouse. En fait, ces tests, c'était un entraînement. Et ça matche, je suis retenu.

Mon beau-père non plus ne se projetait pas sur l'objectif que je devienne joueur pro. Il n'avait pas cette réflexion : en 1998, le rugby vient juste de passer professionnel en France. Philippe me poussait à devenir meilleur, mais simplement pour que je joue en équipe première à Pamiers. C'était mon objectif également. Je voulais vite franchir les étapes pour jouer avec les grands, rentrer sur la pelouse le dimanche à 15 heures. C'était vraiment notre objectif commun. Et puis ma mère est passée par là. Elle l'a coupé dans son élan. Mais il a vite repris son rôle et m'a suivi partout. À Agen, à Bayonne…

N'empêche que tout au début, quand ma mère m'a inscrit à Toulouse, il ne l'avait pas bien pris. Il n'imaginait pas une seconde que j'allais devenir pro. Mon beau-père n'était simplement pas très content que je quitte son club de cœur, où il me voyait jouer en première. Et moi aussi. C'est mon seul regret. De n'avoir jamais disputé un match sur le terrain de l'équipe première de Pamiers, au stade Pierre-Balussou. C'est *vraiment* le seul regret de ma carrière rugbystique. J'ai joué dans tous les plus grands stades du monde. Quand j'ai annoncé que j'arrêtais le rugby professionnel, j'ai failli resigner un an à Pamiers pour connaître ça à la fin. Mais ma vie personnelle était trop chamboulée, trop complexe.

Si j'étais resté vivre à Toulouse, je pense vraiment que j'aurais signé une saison au Sporting Club Appaméen. Mais bon, c'était trop délicat avec ma vie de famille…

En décembre 2023, mon club formateur, Pamiers, est contraint de déclarer forfait pour la suite de la saison de Fédérale 1. Il n'y a plus assez de joueurs après qu'une vingtaine d'entre eux ont quitté le SCA à l'intersaison. Entre les problèmes de présidence et les dettes, ils ont fini par jeter l'éponge. Je ressens un peu de tristesse. C'est toujours risqué quand il y a eu un grand président, de passer derrière. Jean-Philippe Sannac a accompli des choses merveilleuses avec le club. Depuis sa démission, en juin 2022, il y a une lutte de pouvoirs. Comme dans les années quatre-vingt-dix, quand le directeur des magasins Leclerc de la région, M. Blanchard, était parti.

On se retrouve donc dans la même situation que trente ans plus tôt. Il va falloir rebâtir. Peut-être que c'est un mal pour un bien. Le club avait oublié la formation, qui était le point essentiel de Pamiers. Plutôt que d'être patient, de prendre le temps de former et de faire progresser les joueurs qui n'étaient pas encore au niveau, les dirigeants les avaient négligés. Ils ont donc préféré partir dans les petits clubs alentour. Il fallait aller au bout de leur formation, leur faire confiance, avant d'essayer d'attirer d'autres jeunes du coin pour combler les manques à certains postes.

Ce problème de présidence et du secteur administratif a entraîné des conséquences immédiates sur le niveau de l'équipe. Les joueurs qui sont restés ne peuvent pas mettre leur carrière en danger. Ils ne peuvent pas espérer tenir toute une saison en étant seulement dix-sept ou dix-huit. Car on en était là, avant le forfait ! Ils savaient très bien que ce n'était pas possible d'avoir les ressources mentales pour tenter d'arracher un miracle tous les week-ends.

Mon beau-père est toujours actif au sein du club. On échange beaucoup sur le sujet, il me tient au courant régulièrement. Comme il est passionné, il parle avec son cœur, vit mal la situation. Comme tous les bénévoles qui s'investissent depuis des années pour faire tourner le Sporting Club Appaméen. Ils sont malheureux de ce qu'il se passe.

On m'a sollicité dès le début de la crise, en octobre 2023, pour me demander de venir donner un coup de main. Voire de prendre la présidence. Même si mon cœur me dit oui, je ne peux pas répondre favorablement à cette requête. Si l'envie existe, ce n'est pas dans mes plans à l'heure actuelle. J'ai tellement de choses à gérer ailleurs… Quand je m'engage dans un projet, c'est toujours à cent pour cent. Là, ce serait mentir, donner de faux espoirs à beaucoup de gens qui voudraient que je revienne à Pamiers m'occuper du club. Je suis dans l'incapacité de répondre à cette attente.

Et je me retrouve à jouer deuxième-ligne...

Mon beau-père n'est tellement pas content que je parte à Toulouse qu'on se dispute un peu. Il ne vient pas trop me voir lors de la première année. Moi, je débarque au Stade sans me prendre la tête. Pour moi, c'est toujours du rugby. Je ne me rends pas trop compte que c'est le grand Stade Toulousain. Je continue à pratiquer mon sport en m'amusant. Au début, je suis un peu triste de ne plus jouer avec mes potes, mais au rugby, on se fait très vite des amis. Je sympathise avec quelques joueurs de mon âge : Romain Soula, Paul Perez… On est vite surclassés pour jouer avec la génération de dessus.

J'ai la chance de rencontrer quatre entraîneurs qui marquent mon passage à Toulouse : Bruno Crouzat, Alain Mistou, Jean-Louis Castro et Samuel Lacombe. Ils me disent : « T'es bon et tu cours vite. Mais il te manque un peu de grinta. » Grinta ? Mais j'ai tout juste 14 ans ! À cet âge-là, je ne pense qu'à toucher le ballon et danser sur le terrain.

Pour m'endurcir, ils me font passer en deuxième ligne ! Je me retrouve avec ce maillot numéro 5 dans le dos. Je me dis : « Qu'est-ce que je vais faire dans le pack, dans la mêlée ? » Leur réponse est claire : « Tant que tu n'auras pas fait tant de plaquages par match, tu restes deuxième-ligne. Au moins, tu vas comprendre ce que c'est. » Je me retrouve donc à sauter en touche, à pousser les mêlées. Oh ! c'est quoi, ce bourbier ? Ce n'est pas mon rugby, ça !

Un match, deux matchs. De deuxième-ligne, je n'ai que le numéro, parce que dès qu'il faut jouer, je pars directement à l'aile ou au centre, je tape au pied. Les entraîneurs me disent donc : « Tu n'as pas compris le rôle, tu continues… » Et c'est parti pour un troisième match…

Cette période-là m'a énormément servi, en fait. Ça m'a familiarisé avec les contacts. J'étais toujours dans l'évitement. Quand il fallait y aller, je n'étais pas trop présent. Ce passage, heureusement momentané, m'a permis d'être focus sur ce qu'est vraiment le rugby. Au bout de cinq matchs en deuxième-ligne, je retrouve enfin mon poste.

Au premier tournoi que je fais avec le Stade Toulousain, je prends enfin la mesure de l'importance de ce maillot. Les parents sont nombreux à être venus nous voir, quelques joueurs de l'équipe première aussi. On sait que Guy Novès se tient au courant de nos performances. Et tu as intérêt à être au top parce qu'en face, les gars veulent absolument battre le Stade Toulousain…

La pire partie de ma vie

Arrive alors la pire partie de ma vie. Je passe en classe de seconde et j'intègre le lycée Jolimont qui accueille le sport-étude du Stade Toulousain. Je ne pensais pas que ce serait aussi difficile. Je me retrouve en échec, et sur le rugby, et sur les études. Je choisis une formation générale avec une spécialité ISI, initiation aux sciences de l'ingénieur. J'arrive de mon patelin de Pamiers, je n'ai jamais quitté ma famille et je me retrouve à l'internat…

Chaque jour, je commence les cours à 7 heures du matin pour les finir à 18 heures. J'enchaîne avec le rugby jusqu'à 20 h 30, je vais dîner et je me retrouve dans ma chambre à 22 heures à faire mes devoirs jusqu'à minuit, minuit et demi. Un rythme très dur. Je n'ai plus aucun espace de loisir.

Pendant un peu plus d'un an, avec mon copain Olivier Baragnon, je m'accroche. Mais je n'ai pas l'impression que les enseignants fassent l'effort de me comprendre. Ils essaient de m'aider, ils mettent en place des choses pour moi. Mais je n'y arrive pas. Je suis en échec complet sur les études. Je n'avais jamais connu ça, parce que jusque-là, tout se passait bien. Je n'étais pas l'élève le plus brillant, mais j'arrivais à travailler et à franchir les étapes.

Et je suis également en échec sur le rugby. Ça m'emmerde de ne pas être bon, de ne *plus* être bon. Je ne comprends pas ce qu'il se passe. Je n'y arrive plus. Je me dis : « Si c'est ça, le rugby de haut niveau, je ne suis pas fait pour… »

Le vendredi, après les cours, à 18 heures, je prends le métro puis le bus direction le stade des Sept-Deniers pour l'entraînement avec le club jusqu'à 21 heures. Je prends ensuite le bus pour rentrer chez moi, à Pamiers, où j'arrive à minuit le vendredi soir. Et le samedi, je reprends le bus avec les cadets pour aller jouer à droite, à gauche. Parfois, quand l'équipe est allée jouer un peu loin, je ne suis pas de retour chez moi avant minuit le samedi soir. Et le dimanche soir, je repars à l'école, à l'internat.

Je m'entraîne toute la semaine avec le pôle Espoirs Jolimont. Je n'ai plus ces moments de partage le mercredi avec mes coéquipiers de club, mes copains. J'arrive le vendredi en fin de soirée et je suis en décalage avec eux parce que je ne m'entraîne plus avec eux. Je joue le samedi, mais les mecs me regardent en pensant : « Ouais, lui, il s'entraîne qu'une fois avec nous par-ci, par-là, et il est titulaire… »

La compétition, la rivalité, ça commence à cet âge-là, à 15, 16 ans. Il faut donc que je prouve partout, que je prouve deux fois plus. C'est très dur pour moi. J'ai fait une année comme ça, avant de me dire qu'il fallait que j'arrête. J'en discute avec ma mère. Je commence à faire des conneries.

Pas parce que je suis du genre à en faire, mais parce que j'en ai marre. Il me faut juste une échappatoire.

Je ne vois plus ni mes amis ni ma famille. Je vis une fracture avec tout le monde. Pour moi, le rugby, ce n'est pas ça. Ce n'est pas m'éloigner autant de mes proches, de mes amis et de mes coéquipiers de Pamiers. Pour tout dire, il n'y en a pas beaucoup qui ont percé au terme des trois ans à Jolimont. Heureusement, au bout de la première année, ma mère a eu l'intelligence de m'écouter et de me sortir de là. De prendre la responsabilité de me mettre dans un petit appartement.

Le Stade Toulousain aussi a fait l'effort de me mettre en centre de formation. C'était tout au début des centres de formation. Et là, sincèrement, ça a été un déclic. J'ai bien appris, j'ai tout appris, en écoutant les conseils des anciens comme Xavier Garbajosa et Vincent Clerc. On se fréquentait tous les jours. On ne se rend pas compte de la différence que ça fait. Le système fédéral a mis du temps à le comprendre. Quand les dirigeants en ont enfin pris conscience, ils ont enlevé tous les pôles Espoirs.

Les centres de formation ont la faculté de te garder et de te faire progresser. Je parle de ça, c'était en 2000. Ils n'avaient pas encore ce recul. Ils pensaient que leur système était très bon. Mais en fait, ils te mettaient dans une bulle où tu étais coupé de tout et de tout le monde. Ils ne s'en sont pas aperçus alors que beaucoup de joueurs avaient du mal à franchir le cap. Moi, franchement, ça m'avait dégoûté du rugby. Heureusement que j'ai pris cette décision. Parce que je n'en pouvais plus.

J'avais décidé de rentrer à Pamiers et de jouer au rugby avec mes potes, d'aller au lycée avec mes potes. Parce que, ce que j'aimais, c'était ça. Ce partage avec mes amis, faire des conneries avec eux, m'amuser, décompresser. À Jolimont, je n'avais aucune plage pour m'amuser, aucun moment de répit. Mis à part dans le bus quand le trajet durait quelques heures. Mais c'était tout, c'est dire…

À 15, 16 ans, je me retrouve donc tout seul dans un petit appartement que ma mère m'a pris. *Mon* petit appartement, à Toulouse. J'habite à deux cents mètres du stade et je vis ma meilleure période, non pas extra-sportive, mais sportive. Et ça, c'est le plus important. Je suis surclassé avec les Crabos et nous sommes champions de France. Puis je suis pris avec les moins de vingt ans en équipe de France. Pour moi, c'est une revanche sur ce système qui était mis en place prétendument pour que nous réussissions, mais qui n'était pas le bon. En tout cas, pour moi, pour ma personnalité, ce n'était pas le bon.

Je ne voulais surtout pas aller à Marcoussis

Je m'entraîne tous les jours avec les Espoirs et les pros. Je me sens progresser et je suis heureux d'être là. Je suis à ma place. D'ailleurs, tout de suite, je franchis les étapes. Je suis rapidement surclassé. Je fais des va-et-vient avec la grosse génération d'au-dessus : Maxime Médard, Maxime Mermoz, Marc Giraud, Julien Le Devedec…

Avec les cadets Gaudermen, on rafle tout : le Championnat Midi-Pyrénées, le Championnat national et d'autres tournois encore. En Crabos, j'enchaîne les matchs. On a une sacrée équipe et on termine champions de France, en 2002, au Stade de France, face à Perpignan. Je suis forfait pour la finale à cause d'une blessure aux adducteurs. Mais je me dis que c'est bien, que je vais réussir.

Et là, on est pris par le pôle France de Marcoussis. C'est le rêve ultime pour tous les autres joueurs, mais pas pour moi. Moi, au contraire, je ne veux surtout pas aller là-bas. Je préfère rester dans mon cocon. Pas dans mon confort, mais je veux rester où je suis. Où je me sens bien. Où je progresse. J'ai les cours sur place. Je suis au bon endroit. Alors quand on me dit que je vais aller passer des tests pour rejoindre Marcoussis où je voyais les mecs en dépression quand ils rentraient le jeudi soir, je n'ai pas envie d'y aller.

Mais bon, j'y vais quand même, parce que c'est le Graal à l'époque. Marcoussis existe depuis seulement quatre, cinq ans, mais la plupart des gars ne rêvent que d'une chose : y aller. Alors que moi, c'est ma hantise. Bref, je fais quand même les tests, et là, Sébastien Calvet, le conseiller technique de la FFR chargé des jeunes, me dit – je me souviendrai toujours de cette phrase : « Je ne sais pas si tu vas être déçu, mais on ne peut pas te prendre. Tu remplis tout. On sait qui tu es, on sait ce que tu fais. On va te faire venir tous les mercredis et tu vas t'entraîner avec nous. On ne te garde pas plus car on sait que tu n'as pas les capacités à vivre en vase clos. On sent bien qu'être enfermé ne te convient pas. On ne peut donc pas te prendre ici avec nous… »

Paradoxalement, sur le moment, je suis déçu. Je ressens un sentiment d'échec. Puis, très vite, je me sens soulagé. Je suis trop content de prendre l'avion tous les mercredis pour faire l'aller-retour : m'entraîner et rentrer. C'est à partir de là, en fait, que j'ai vraiment progressé. J'ai intégré l'équipe Espoirs du Stade Toulousain, ça me rappelait quand j'étais avec les copains à Pamiers.

Ils ont trois ou quatre ans de plus que moi. Je suis le petit. Antoine Battut, Julien Audy, Marc Giraud, Jonathan Wisniewski me prennent sous leur aile. Et moi, je leur casse les couilles. Je leur fais des blagues comme le fait un jeune de 18 ans qui croque la vie à pleines dents. Je leur attache les lacets, je leur tire les cheveux quand on effectue les exercices sur le terrain. Et eux, ils me tapent gentiment.

Car je suis leur petit protégé. J'aime bien ce rapport-là. Et à partir de là, sincèrement, le sentiment d'échec s'est évaporé.

Dès la reprise, je m'entraîne régulièrement avec l'équipe première. Je dispute des matchs amicaux avec les pros alors que mes potes qui ont été pris à Marcoussis partent le dimanche soir et reviennent le jeudi soir. Leur seul moyen de s'amuser, c'est de sortir le jeudi soir alors qu'il y a match le samedi. Tout est un peu en désordre pour eux.

Dans le même temps, moi, je me sens bien. Très bien même, grâce à cet appartement pour lequel ma mère a consenti un gros effort. J'ai eu ma pire période, je vis alors ma meilleure. On avait une sacrée génération, avec des mecs – Battut, Wisniewski, Audy… – qui jouaient régulièrement quinze ou vingt minutes avec la première et qui, le lendemain, revenaient jouer avec nous. Le week-end, on avait le droit de doubler si on était rentrés moins de vingt minutes.

Et puis vient mon tour. Je suis pris aussi avec la première. Il y a plusieurs blessés à l'aile, donc ils font appel à moi pour renforcer l'effectif. On n'avait pas le droit d'entrer dans le vestiaire de l'équipe première. La première fois que j'y pénètre, je ne sais donc pas trop ce que j'ai le droit de faire. Je sais qu'il y a des codes à respecter, mais je ne les connais pas. J'arrive, je m'assieds et je ne bouge pas. J'écoute Guy Novès faire son discours puis annoncer le groupe pour Clermont. Et à ma grande surprise, je suis sur la feuille de match avec le numéro 21.

La veille de notre départ pour Clermont, Finau Maka vient me voir : « On a oublié quelque chose… » Je le regarde, il est en face de moi, une masse, un colosse. Et je comprends que je vais y passer, qu'il va me raser la tête. Ce n'est pas un bizutage, mais une tradition au Stade Toulousain quand tu t'apprêtes à disputer ton premier match avec l'équipe première. J'essaie de retarder le moment. Je me faufile à la sortie du vestiaire ou des briefings.

Mais quand la sentence est tombée, je l'ai acceptée. Finau me donne rendez-vous dans telle chambre, à telle heure. Et j'y vais. Je n'essaie même pas de négocier. Si tu refuses, la sanction va être pire. Alors autant y aller de ton plein gré. Ça a été un choc pour tous mes potes de me voir, quelques jours plus tard, le crâne rasé en plein décembre. Juste pour avoir joué dix minutes avec la première…

Cette tradition, je l'ai fait subir à mon tour aux jeunes qui arrivaient après moi. Pas le choix. Je me suis occupé de Romain Ntamack, qui m'en veut encore. Parce que je lui ai fait subir trois fois : après son premier entraînement, après son premier match et après son premier essai. J'avais toujours une bonne excuse, une bonne raison pour lui raser la tête…

Je fais donc le déplacement à Clermont. Devant le bus, j'attends que tout le monde soit assis à sa place pour m'installer. Je ne veux pas prendre le risque de piquer la place d'un cadre de l'équipe. Je suis au courant des représailles… Arrivé à l'hôtel, je n'ose pas bouger de ma chambre, que je partage avec Julian Fiorini. Plus âgé que moi de cinq ans, il joue pilier. Je lui pose des questions.

« Comment ça se passe ? Qu'est-ce qu'il faut faire ?

– C'est tout simple. Tu as juste à suivre le planning. Quand tu vois que c'est l'heure, tu descends. »

Et puis tu te retrouves à l'échauffement avant le match au stade Michelin sans avoir reçu plus d'explications que ça. Ça se résume en fait à « Tu viens et tu joues ». Mais c'est une expérience incroyable de se retrouver du jour au lendemain avec les professionnels.

J'avais parfois droit à de sacrés week-ends rugby. Je m'en souviens d'un en particulier. Le Stade Toulousain disputait son match un vendredi soir. Le staff me prend parce que c'est une période de doublons. Avec les Espoirs, on s'était entraînés et on avait fait la mise en place avec les joueurs de la première. Mais le coach des Crabos avait prévenu qu'il avait besoin de moi. Donc, ce week-end-là, j'étais avec la première le vendredi soir, j'étais rentré moins de vingt minutes avec les Espoirs le samedi, et j'avais joué tout le match avec les Crabos le dimanche, à Béziers.

Je suis rentré chez moi, j'étais mort. Comme si j'avais joué les trois matchs. En un week-end, tu passes du jeune qu'on ne regarde presque pas au mec qui rentre moins de vingt minutes puis au joueur confirmé sur lequel on compte en Crabos. Un drôle d'ascenseur émotionnel…

Le Stade Toulousain me fait comprendre qu'il vaut mieux que je parte

Je viens de passer deux, trois saisons avec les Espoirs. Je ne m'éclate plus trop. J'ai toujours eu ce besoin d'être animé. Que ce soit dans la vie ou dans le rugby, il faut qu'on me nourrisse. Ça se passe bien avec le staff, mais je ne progresse plus. Le Championnat Espoirs n'est pas régulier. Il y a de longues périodes creuses, compliquées à gérer. Et je vois qu'un ami, Romain Soula, qui est parti à Agen en février, joue et s'éclate là-bas, en Pro D2. J'en vois un autre parti en prêt à Auch qui s'éclate aussi.

Moi, malgré six apparitions en équipe première, je végète en Espoirs. Et puis il y a la grosse blessure d'un titulaire, Vincent Clerc. Je me dis : « Ça y est, mon tour est venu. » Je me mets en condition. Et les dirigeants prennent… un ailier sud-africain en joker médical. Là, ce n'est plus possible ! Sincèrement, avec tout le respect que j'ai pour ce joueur, Bertus Swanepoel, ce n'était pas Cheslin Kolbe. C'était le prototype du Sud-Af de l'époque : un mètre quatre-vingt-quinze, cent vingt kilos…

Quand il arrive, on le décrit comme le Lomu blanc. À l'entraînement, je me le mets dans le viseur, j'essaie de montrer que je suis meilleur… Je sens bien que je rivalise avec lui, mais le staff lui fait plus confiance qu'à moi. Avec ce recrutement, le Stade Toulousain me fait comprendre qu'il vaut mieux que je parte. Quand quelqu'un se blesse à ton poste et qu'on va aussitôt chercher un joueur étranger, c'est que le club considère qu'il y a meilleur que toi. J'ai interprété le message ainsi.

Je n'ai jamais eu de colère ou de ressentiment contre qui que ce soit. Le club, c'est une entreprise. Les dirigeants font des choix. Celui-là signifiait que, pour eux, je n'étais pas prêt. C'est ça qui m'a poussé à prendre la décision de partir, de quitter le Stade Toulousain. Je n'ai pas demandé d'explications à Guy Novès sur le pourquoi de ce recrutement. Je n'ai jamais été trop comme ça d'ailleurs, à demander des explications. Ce n'était pas dans mes habitudes. Si tu es bon sur le terrain, si tu donnes le maximum, ça va venir naturellement, tôt ou tard. Je pars de ce principe-là. Je n'ai jamais été dans la demande. Donc, je ne demande rien à Guy parce qu'il va me répondre ce que j'ai envie d'entendre.

Nous sommes en 2008, je suis en fin de contrat Espoirs avec le Stade Toulousain et je prends alors la décision de partir pour Agen. Pour rejoindre mon copain Romain Soula. Au téléphone, Henry Broncan me dit qu'il a envie que je vienne. Je lui réponds : « OK, je viens ! » Quand je l'annonce au Stade Toulousain, on commence à me parler d'un prêt. Mais dans ma tête, je ne sais pas trop. Je végète vraiment là-bas. Ce n'est pas convaincant. Je me dis que la marche pour devenir professionnel y est trop haute pour moi et que je ferais mieux de m'amuser en Pro D2. Je me fixe l'objectif d'avoir un rythme constant, de jouer tous les week-ends pour voir enfin si je suis capable de répéter ces efforts chaque semaine. En un mot, être capable d'être un rugbyman professionnel.

Mais quand j'annonce mon choix à mes proches, tout le monde le réfute, me dit que je suis fou de partir en Pro D2. Même mes amis me disent : « Tu ne peux pas faire ça ! Tu ne peux pas aller là-bas ! » Ils craignent que je ne m'enterre. C'est à ce moment-là, d'ailleurs, que j'ai pris la décision de ne plus annoncer mes choix à mes proches avant de les officialiser. Même quand j'ai décidé de prendre ma retraite. Je ne voulais plus avoir ces débats-là, incessants, avec chacun qui veut me donner son avis. J'ai pris ma décision et je n'ai pas besoin de conseils.

Je me suis à nouveau fâché avec mon beau-père à ce moment-là. Il avait désormais de l'ambition pour moi et il ne voulait pas que je parte en Pro D2. Ma mère ne le prend pas très bien non plus. Mais bon, la brouille n'a duré que quelques jours. Je leur ai dit « C'est mon choix, c'est comme ça » et ils sont passés à autre chose.

Je signe un contrat de deux ans. Je suis content parce que ça représente beaucoup d'argent pour un jeune comme moi. Même si l'argent n'a jamais été ma motivation pour le rugby, ce n'est pas rien. Et surtout parce que, pendant deux ans, je vais pouvoir me forger, m'exprimer sur le terrain. Je voulais surtout jouer. Avec la pression d'une ville, d'un stade plein. Je cherchais une ville et un public imprégnés rugby.

Mon beau-père s'est séparé de ma mère à cette époque, quand je suis parti de Toulouse. Mais on a toujours gardé le contact. On continue à se voir, on échange souvent. Il est très pudique, mais il a toujours fait grandement partie de ma vie rugbystique. À Agen, il pensait, au début, que j'allais m'enterrer. Ensuite, il a pris le train à Pamiers le matin pour venir voir tous nos matchs à domicile. Il y retrouvait l'ambiance amateur qu'il apprécie tant : boire un coup avec les anciens joueurs du SUA qu'il avait vus jouer.

Je l'appelais toujours avant mes matchs, il était présent dans mon processus de préparation. Et après les matchs, il était la deuxième personne que j'appelais. La première était ma mère. Pour la rassurer. Cela laissait à Philippe le temps de redescendre un peu car je savais qu'il réagissait beaucoup sur l'émotion. Quand on perdait, vu qu'il parle avec son cœur, il fallait que je sois prêt à entendre ce qu'il allait me dire. « Qu'est-ce que vous avez été nuls ! Comment vous pouvez jouer comme ça ? » Dans ces cas-là, je lui disais : « Je te rappellerai demain… »

Il partait de la critique du collectif pour arriver à moi. Sans m'épargner, mais toujours avec bienveillance. Il avait sa façon de me dire que j'avais fait un bon match : « Le maillot du Stade Toulousain te va très bien… » Toujours cette pudeur.

Aujourd'hui, nous échangeons toujours beaucoup. Sur d'autres sujets. Nos vies. Le divorce, les enfants. On parle de trucs d'hommes, de sujets de société. Le seul sujet que je n'évoque pas avec lui, c'est la politique. C'est un sujet sensible. Et j'ai d'autres chats à fouetter que d'essayer de le convaincre.

Ce n'est pas mon rôle d'afficher mes convictions politiques. Je ne maîtrise pas ce domaine. Simplement, je veux souligner, pour avoir beaucoup voyagé grâce au rugby, qu'on est très bien en France. On pense que tout va mal, mais on oublie qu'on a accès gratuitement aux soins, à l'éducation, à l'eau… C'est tellement acquis qu'on considère que c'est juste normal. Ce n'est pas vrai. Il y a plein de pays où tu ne peux pas boire l'eau du robinet. En voyant cela, tu relativises.

Quand on partait jouer à l'étranger, en tournée ou pour disputer une Coupe du monde, j'étais toujours content de rentrer en France. J'aime la France, j'aime mon pays. J'aime sa culture, sa gastronomie, sa diversité. Après, c'est comme dans un couple, il y a des tiraillements, des ajustements à faire. C'est normal que chacun essaie de tirer un peu plus la couverture à soi. Mais on n'est pas si mal en France…

Dans le vestiaire agenais, tous les yeux sont braqués sur moi

Trois mois après mon arrivée, Henry Broncan, qui m'avait fait venir au SUA, se fait virer. Il est remplacé par Christian Lanta et Christophe Deylaud. Au milieu de tout cela, je suis le jeune Toulousain qui vient de débarquer. Et à l'époque, entre Agen et Toulouse, c'est la grosse rivalité. Les relations entre les deux clubs sont laborieuses. Je sens que je suis attendu. D'autant que, deux mois plus tôt, j'avais disputé un match avec les Espoirs toulousains contre ceux d'Agen. Et que j'avais marqué deux essais…

Quand j'arrive dans le vestiaire agenais, je sens que tous les yeux sont braqués sur moi. Je suis observé par les anciens : Mathieu Barrau, Djalil Narjissi, Jérôme Miquel, François Gelez… Les derniers Mohicans de la grosse épopée agenaise, le noyau dur du vestiaire, avec quelques a priori quand tu débarques du Stade Toulousain. Il y a également une pointe de jalousie. Ils sont donc à l'affût de mon comportement et de mes réactions.

Je sais que c'est très important d'être bien vu dès le début. Je montre donc patte blanche. Je dis bonjour à chacun. Je montre mon respect des anciens. Et, pour finir, ça se passe vite très très bien, même si François Gelez a quand même mis trois ou quatre semaines avant de me dire bonjour…

Ils ont vu que j'avais le respect du maillot, de la culture du club. Je ne faisais aucune vanne de mon côté. Et eux non plus n'en faisaient pas sur le Stade Toulousain. Je reste dans mon coin, avec mon pote Romain Soula. Et je bosse comme un fou. Je fais une préparation de malade. Je suis animé par l'objectif de tout rafler. Personne ne pourra m'arrêter… sauf si je n'ai pas le niveau.

J'ai l'envie de tout déchirer. Arrive le premier match. Je cartonne. Parce que le collectif est là, bien sûr : au rugby, tu ne peux pas briller tout seul. On s'entend bien, il y a une bonne nouvelle génération, avec Sofiane Guitoune, le demi de mêlée Maxime Carabignac, Romain Soula, Jean Monribot et d'autres. Le mix entre anciens et jeunes se fait bien. L'équipe prend du plaisir. *Je* prends du plaisir. Et j'enchaîne les matchs.

C'est le Championnat de Pro D2, avec ses rencontres plus ou moins rudes. On affronte Auch pour le derby. On va à Pau, à Grenoble, à Lyon. Chaque fois en bus pour des trajets de plusieurs heures. S'il existait des miles en bus, j'aurais pu voyager gratuitement un bout de temps… Mais on ne se pose pas la question de la durée des trajets. C'est comme ça, et c'est bien. Toutes ces heures passées ensemble contribuent à souder l'équipe. Je m'éclate à chacun de ces longs déplacements. C'est une colonie de vacances. On prend du plaisir à se retrouver, à voyager ensemble. Qu'il y ait la victoire ou la défaite au bout, on rigole bien. Ce sont des bons moments. On ne se plaint jamais. Même quand on rentre de nuit, qu'on dort pendant des heures la tête contre la vitre et qu'on arrive à Agen au milieu de la nuit, la nuque douloureuse. Ça te forme, en fait.

À chaque match, il y a de grosses ambiances dans les stades, avec de belles affluences. C'est exactement ce que j'étais venu chercher. J'enchaîne les matchs et les performances, le club également. Je suis en totale adéquation. Le préparateur physique me fait travailler pour progresser, pour que j'aille encore plus vite.

Une anecdote me revient. Un déplacement à Bourg-en-Bresse. Pour venir s'échauffer avant le match, on doit traverser le public. Les supporters boivent des bières. C'est un peu chaud. Christophe Deylaud me prend alors à part :

« Yoyo, aujourd'hui, il ne faut pas danser, hein ! Aujourd'hui, tu mets le casque à pointe et tu plaques.

– Pourquoi tu me parles de danser ?

– Tu ne peux pas faire de crochet ! »

Je kiffe cette mentalité.

Sur le terrain, c'est très formateur également. Quand tu es un joueur Espoirs comme moi, ce qui compte, ce qui prime, c'est d'engranger de l'expérience. Et, à l'époque, je ne pouvais pas en acquérir dans mon club car il y avait déjà beaucoup de monde à mon poste, avec des objectifs différents. Pour grandir, tu as pourtant besoin de jouer sous pression. La pression du résultat, la pression de ton coach, la pression du public. De te dire que, si tu es nul, tu fais descendre ton club et toute l'administration avec toi. Tu prends conscience du contexte général qui entoure ton club et de la responsabilité qui est la tienne. Tu prends conscience que le mec qui travaille dans les bureaux risque de perdre son job si le club est relégué. Ça et l'ambiance familiale, c'est exactement ce que je voulais.

Pour mon plan de carrière, il faut que je change de club

À la fin de la première saison, que je termine meilleur marqueur de Pro D2 avec quatorze essais inscrits, Agen échoue malheureusement en demi-finale, battu par Oyonnax, et on ne monte pas. Je suis alors retenu par France A. Ce qui, à l'époque, est très rare pour un joueur de Pro D2. C'est Olivier Magne qui dirige cette sélection.

À la reprise, on se dit qu'il faut terminer champions pour remonter directement. Car disputer les demi-finales, c'est trop aléatoire. Nous voilà donc en mode commando. On enchaîne les victoires et on est champions dès début avril. C'est un peu avant ce moment-là que je me dis : « Il faut que tu partes d'Agen… » J'arrive en fin de contrat, et pour mon plan de carrière, il faut que je change de club. Parce que le SUA va monter en Top 14 et je sais que ça va être une saison très complexe. Malgré un bon recrutement, je sais qu'on va se faire éclater tous les week-ends. L'image, quand tu montes, c'est celle du petit contre lequel il faut prendre des points…

Ça va paraître prétentieux, mais je vois alors mes potes, des joueurs de ma génération comme Maxime Médard et Maxime Mermoz, qui jouent déjà en équipe de France. Et moi aussi, je veux jouer en équipe de France. Je veux les rattraper le plus vite possible, jouer avec eux sous le maillot bleu. Dans mon plan de carrière, je sais que je dois trouver un club déjà aguerri en Top 14, pas un promu qui galère toute la saison. Ta crédibilité n'est pas la même.

Plusieurs clubs me contactent. Dont le Stade Français. On en rigole encore avec mon agent et mes proches. C'était impossible pour moi d'aller à Paris à ce moment-là. Par rapport au Stade Toulousain surtout. Parce que j'espérais vraiment pouvoir y revenir un jour. Mais aussi parce qu'il me fallait un entraîneur qui connaissait l'ADN du jeu toulousain. Pour comprendre mes prises de risque sur le terrain. Un autre entraîneur m'aurait pris pour un fou quand je tentais une relance depuis mes vingt-deux mètres. Mais c'est ce qu'on m'avait inculqué au Stade Toulousain.

Je choisis donc de m'engager avec l'Aviron bayonnais. Je ne veux pas être bridé par l'entraîneur quand je prends des initiatives. À Agen, il y avait Christophe Deylaud. À Bayonne, il y a Christian Gajan. Deux anciens Toulousains.

Avant de signer à Bayonne et de prévenir Christian Lanta, j'ai appelé Christophe Deylaud.

« Il faut que je te parle.

– Pas de souci, passe à la maison prendre le café. »

Je vais chez lui à Toulouse.

« Voilà, vu notre proximité, je voulais te prévenir avant que ça ne sorte dans la presse. Je vais partir à Bayonne parce que, pour ma carrière, j'ai besoin de partir. J'ai besoin de voir autre chose.

– OK, Yoyo. Je comprends. Mais appelle Christian pour lui dire. »

J'ai senti dans son ton que quelque chose clochait…

J'appelle Christian et je demande donc à le voir. Le lendemain, j'arrive dans son bureau. « Christian, comme je l'ai dit hier à Christophe, je vais partir car j'ai un plan de carrière et il faut que je le suive. » Je lui annonce ça le jeudi. Comme il avait déjà annoncé l'équipe pour le week-end, je joue. C'est la dernière fois. Après cela, il ne m'a presque plus fait jouer. Frigo, repos, frigo… C'était étonnant, ce changement d'un coup. Je ne pensais pas les avoir déçus, mais apparemment… Il m'avait répondu dans son bureau : « Je comprends ton choix, mais je n'accepte pas ta décision. » C'est une phrase qui m'a marqué.

Agen remporte dès avril le titre de champion de France de Pro D2. Mon premier titre en tant que professionnel. Mais je ne ressens aucune émotion. Du moment où les entraîneurs ne me faisaient plus jouer, pour moi, la saison était déjà terminée, j'avais tourné la page. Je me projetais et me préparais déjà pour la saison d'après, avec Bayonne.

Je n'ai plus trop d'attaches avec le groupe quand le SUA devient officiellement champion vu que je ne participe plus aux matchs depuis quelques semaines. Je le fête quand même un peu avec eux. C'est bizarre car il reste encore quelques matchs à jouer, ce n'est pas un titre gagné à l'issue d'une finale, et en plus, il pleut ce jour-là à Agen.

À l'époque, je suis jeune et j'ai juste envie de jouer. Alors quand les entraîneurs viennent me voir pour me dire que, finalement, entre les blessés et ceux qui n'ont plus trop envie de jouer, ils ont besoin de moi pour disputer ces derniers matchs, j'accepte tout de suite. Et je prends du plaisir à disputer ces matchs sans enjeu.

Le plus fou dans tout ça, c'est qu'Agen monte, et au mois de mai, Bayonne descend en Pro D2. L'Aviron joue un match de maintien contre Montauban. Je le regarde à la télé… et Bayonne perd ! « Ce n'est pas possible, je suis le chat noir ! Je signe à l'Aviron et, poum, le club est relégué en deuxième division. » Tous les Agenais m'envoient aussitôt des messages. « Si tu veux des places pour le Top 14, on t'en donnera avec plaisir… » et autres vannes du même genre. Toute la nuit, mon portable sonne. Ce sont les supporters qui m'écrivent sur Facebook, le seul réseau social à l'époque. « J'espère qu'Agen ne te reprendra pas ! » Tous me balancent ça. La nuit la plus longue de ma vie…

Tu sentais la vengeance, souvent amicale, je dois le reconnaître. On m'envoyait des photos du logo de l'Aviron ou des vidéos de *La Peña Baiona*, l'hymne du club. Je l'ai reçu plein de fois, celui-là. C'était marrant. Enfin, pas tant que ça. Je ne voyais pas comment me sortir de cette situation. Je ne l'avais pas prévu dans mon plan de carrière… Je me voyais déjà demander à voir les dirigeants du SUA pour quémander un arrangement et rester avec eux en Top 14. Mais il y avait des rumeurs dans la presse disant qu'administrativement, il y avait des problèmes du côté de Montauban.

Et quand je me réveille le lendemain matin, je découvre dans *L'Équipe* que Montauban est sanctionné et Bayonne maintenu administrativement. Quel soulagement ! Je souffle. J'avais déjà loué la maison, tout préparé pour mon déménagement. Il faut une part de chance dans la vie…

Je ne pensais qu'à dormir

L'été 2010, je débarque donc à Bayonne. Je vais jouer en Top 14. Et je m'y prépare mentalement. Les cinq premiers matchs seront importants, décisifs pour ma carrière. Cinq matchs pour prouver, démontrer ton investissement. Tu peux ne pas marquer d'essai, en revanche, tu dois marquer les esprits dès ton arrivée. En cinq matchs, tu es obligé de sortir quelque chose.

Tout l'été, je me prépare donc d'arrache-pied. Je m'efforce d'être toujours devant aux entraînements. Le programme est différent. Je ne connaissais pas ce rythme. La préparation physique débute à 7 heures du matin. Muscu, petit déjeuner, physique, à nouveau muscu… Et jusqu'à 14 heures comme ça. Tous les soirs, j'étais en PLS sur mon canapé. À me dire que je devais tenir, que je devais y arriver.

Et j'entendais les mecs qui, eux, sortaient le week-end. Mais comment est-ce possible ? Moi, je ne pensais qu'à dormir, qu'à récupérer… Je ne pouvais plus mettre un pied devant l'autre, j'avais mal partout. La seule chose que j'arrivais à faire, c'était aller à la plage pour mettre mes jambes dans l'eau car j'avais entendu dire que les bains de mer, c'était très bien pour accélérer la récupération. Et je rentrais m'allonger les pieds en l'air. J'étais focus sur la préparation et la récupération.

Bref, je cherchais à montrer que j'étais prêt pour le Top 14. Christian Gajan me connaissait comme joueur, mais pas en tant qu'homme. Il ne savait pas ce que j'avais sous le capot. Je passais après Benjamin Fall et tout le monde pensait que j'allais être comme lui. Je me souviens – avec Christian Gajan, on en parle encore – de ma présentation à domicile. La tribune Jean-Dauger était pleine à ras bord de supporters et de partenaires. Je revois les articles : « Huget remplace Fall ».

J'ai pris le micro et j'ai dit aux supporters : « Vous avez eu Benjamin Fall, c'est très bien. Je suis très content pour vous. Mais moi, je suis là pour remplacer personne. Je suis Yoann Huget et je vais me donner à deux cents pour cent pour ce maillot, pour ce club, mais arrêtez de dire que je suis là pour remplacer quelqu'un. Je ne suis pas là pour remplacer qui que ce soit… » Et là, je vois Christian Gajan me regarder, étonné, stupéfait, même. J'ai vu et senti à son petit rictus que je lui avais fait plaisir.

Les stages se passent bien, les matchs amicaux aussi. Et tout le monde commence à parler de notre premier match de la saison. Contre Toulon, au stade Mayol. Bientôt, il n'y a plus que cela dans les discussions : Mayol, Mayol, Mayol, ça va être terrible à Mayol… Je me demande pourquoi cette obsession. Nous voilà partis. En bus. Trajet Bayonne-Toulon. Ça ne me change pas, c'est comme si j'étais toujours en Pro D2… On arrive à Toulon, et là, je découvre l'atmosphère du stade. J'ai tout de suite compris pourquoi tout le monde parlait de Mayol. Dès que je descends du bus, j'entends des noms d'oiseaux, certains que je ne connais même pas ! Au moins, ça m'a plongé directement dans l'ambiance. Et voilà, je suis en Top 14 !

Je ne sais pas ce qu'il se passe dans ma tête. Je suis à fond dans ma certitude que je n'ai que cinq matchs pour faire mes preuves. Je me répète que, pour faire oublier quelqu'un, il faut que je sois performant d'entrée. Alors j'essaie d'apporter le maximum à l'équipe, en attaque comme en défense. Je suis lancé comme un coucou sur ce premier match. J'inscris un doublé, avec un exploit personnel sur mon deuxième essai, et on gagne au terme d'un match interminable, avec huit minutes d'arrêt de jeu à la fin. On s'était tous accrochés en défense. Toulon, c'était *la* grosse équipe à l'époque. On lance notre saison comme ça. Et je lance ma carrière à Bayonne et en Top 14 de la meilleure des manières.

Arrive le match suivant, la réception de Clermont. Et là, Christian décide de ne pas me faire jouer ! Je me demande pourquoi, alors que je me suis donné à cent pour cent contre Toulon. Mais je ne vais pas lui demander des explications. C'est son choix et je dois le respecter. J'ai toujours fait ainsi. Que ce soit avec Christophe Deylaud, Guy Novès… Je ne suis jamais allé me plaindre auprès d'un entraîneur. Parce que, des explications, il y en a toujours. Mais, bien entendu, je ne vais pas les accepter. Donc, ça ne sert à rien. C'est une perte de temps pour lui comme pour moi.

Là, je ne sais pas pourquoi, mais je lui fais confiance. Sur le moment, je suis un peu en colère, bien sûr, mais j'accepte sa décision. Je me dis que ça doit faire partie de mon apprentissage. J'ai travaillé encore un peu plus en me disant que je prouverais en rentrant quinze ou vingt minutes et que je débuterais le prochain match. Il a fini, plus tard, par m'expliquer ses raisons. Il m'avait mis remplaçant pour que je m'imprègne du stade, que je ne sois pas trop mis en avant d'entrée, avec le risque de passer à côté de mon match.

Je sais que, même si c'est tard dans la saison – le match aller est programmé à la fin du mois d'octobre –, je vais affronter le Stade Toulousain. J'y pense, mais sans esprit de revanche. Pour moi, Toulouse, c'est loin désormais. Même si j'ai failli y retourner plutôt que de signer à Bayonne, mais, pour une raison que j'ignore, ils ont préféré prendre Pierre-Gilles Lakafia à ma place… Finalement, ils ont donc dit non à mon agent. J'avais trouvé ça absurde, j'étais quand même un enfant du club. Ça avait été une deuxième déception. La page du Stade Toulousain est alors complètement refermée pour moi.

Pourtant, quand j'étais parti, j'avais dit à Didier Lacroix, qui m'entraînait chez les Espoirs : « Tu verras, je reviendrai. Je ne sais pas quand, mais je reviendrai.

– Je l'espère pour toi. Tu sais, beaucoup de joueurs ont dit ça, et ils ne sont jamais revenus.

– On va voir… »

J'avais toujours cet échange dans un coin de ma tête, l'envie de lui faire entendre raison.

Donc, fin octobre, Bayonne se déplace à Toulouse. J'aborde ce match sans trop d'illusions. On se déplace avec une équipe remaniée, et finalement, on est à deux doigts de réussir un coup là-bas. Pendant cette rencontre, sur une interception, je me retrouve à la lutte avec Cédric Heymans et Maxime Médard. Et, en bout de course, je marque l'essai. Dans l'en-but, « Max » vient pour me relever, mais je sens bien qu'il est très énervé et qu'il a plutôt envie de me filer un coup de pied. On a toujours été en concurrence, certes amicale, mais en concurrence quand même. Et au match retour, rebelote. J'intercepte un ballon et je marque à nouveau un essai…

Je prends sincèrement beaucoup de plaisir avec l'équipe de Bayonne. J'ai été vraiment très bien accueilli et on accomplit une saison extraordinaire. On a une belle équipe, avec Benjamin Boyet, Lionel Mazars, Pépito Elhorga, Thibault Lacroix, Rémy Martin… On fait des séries de victoires, on gagne un derby contre Biarritz, mais on perd l'autre.

Je n'ai jamais rien vu d'aussi dingue que le derby Bayonne-Biarritz

Ce match, ce derby, c'est complètement fou ! L'ambiance est unique. Il n'y a que le sport qui peut t'offrir ça. Que Bayonne, avec ses fabuleux supporters. Je n'ai jamais rien revu d'aussi dingue. Les gens ne te parlent que de ça. Il n'y a que ce match-là qui compte. Pour eux, la saison est réussie si tu bats Biarritz.

On est à deux doigts de se qualifier pour la phase finale, mais on perd à Montpellier et la qualif est compromise. Pourtant, quand tu croises les supporters après cette défaite, ils ne t'en parlent pas. Ils te disent que le plus important, c'est le derby la semaine prochaine… Et plus le match approche, plus l'ambiance est électrique. Mon retour, au terme de mes quatre mois de suspension par l'AFLD, se tient pour un derby. Des supporters biarrots ne m'ont pas lâché pendant quatre-vingts minutes avec plein de mots gentils à mon égard. Ça m'a fait très chaud au cœur…

Le paradoxe, c'est que c'est un match terriblement ennuyeux à jouer. Il y a tellement de pression et de tension sur le terrain que le jeu passe au second plan. Il y a des en-avant en pagaille, des mêlées, des provocations, des bagarres. Sur le terrain, il n'y a rien qui va lors de ce derby. C'est dans les tribunes que ce match est fabuleux. L'ambiance est complètement dingue.

Cette tension entre joueurs n'existe que sur le terrain. En dehors, on se croise, on passe des moments sympas. On se raconte souvent des histoires de derby, mais il n'y a aucune animosité. Entre Bayonne et Biarritz, il n'y a que deux kilomètres et demi, donc on fréquente les mêmes lieux et on se voit régulièrement. Mais une fois sur le terrain, on ne se fait pas de cadeaux. Parce qu'une défaite, ça dure. Les gens, les supporters nous en parlent jusqu'au derby d'après. C'est difficile à vivre. Donc, on a envie de bien figurer pour que son équipe l'emporte. Pour que les supporters soient fiers de nous.

Je me souviens du soir où Lucien, le père d'Imanol Harinordoquy, est rentré sur le terrain. Je me demandais qui était ce supporter, pourquoi il semblait si important pour que la moitié de l'équipe coure vite vers lui, s'attroupe en deux secondes autour de lui. Et là, je les entends crier : « C'est le père d'"Ima", les gars, c'est le père d'"Ima" ! Arrêtez ! » C'est complètement fou. Ça fait désormais partie de l'histoire de ces derbys remplis d'anecdotes mémorables.

Avec Imanol, on s'en remémore régulièrement une autre. Qui rappelle que l'humilité est la chose la plus importante dans le sport… On avait fait les chauds : on avait décidé de jouer le derby, délocalisé par Biarritz à Anoeta, avec les maillots du club de foot local, la Real Sociedad, l'équipe emblématique de San Sebastián et de tout le Pays basque. Mais les Biarrots jouaient souvent là-bas. Leurs grosses affiches de H Cup en particulier. Ils s'étaient approprié le stade. Nous, comme nous réalisions une bonne saison, nous avions demandé à nos dirigeants de jouer avec ce maillot. Imanol me raconte que, quand il nous a vus arriver avec le maillot de la Real Sociedad, il a su qu'il n'avait plus besoin de dire quoi que ce soit à ses mecs pour les motiver. « Je savais qu'ils allaient vous massacrer… »

Quand tu fais quelque chose comme ça, il faut assumer derrière. Car tu sais que tu vas déclencher une réaction. Quand on a décidé de porter ce maillot, on savait très bien que le camp adverse allait mal le prendre. Mais on n'était peut-être pas prêts à cette réaction. On a pris quarante points. Et on a dit définitivement adieu à la qualification pour la phase finale du Top 14. Après, quand tu rentres à Bayonne, c'est compliqué. Tu ne vas pas à la boulangerie, tu envoies quelqu'un à ta place. Parce que tu sais qu'on ne va te parler que de ça.

J'aime bien ces villes de rugby, ces supporters passionnés. Sinon, je n'aurais pas choisi de jouer à Agen, Bayonne et Toulouse. Ça me nourrit de l'intérieur, les encouragements quotidiens. Mais parfois, tu as besoin de rester en paix. J'avais besoin de prendre du recul par rapport à l'événement.

À Toulouse, les supporters sont encore plus exigeants. Ils ne pensent pas qu'à deux matchs à gagner. Ils ont l'habitude de gagner des titres, alors si le Stade n'est pas champion, c'est la déception. Je leur disais, parfois : « Allez voir dans les clubs qui ne gagnent pas souvent de titres, qui en attendent un depuis vingt ou trente ans. Et vous verrez que les supporters sont pourtant toujours derrière leur équipe. »

À Toulouse, il arrivait qu'on gagne des matchs et que le public nous siffle parce qu'il trouvait qu'on avait mal joué. Ça me rendait fou. Quand, en plein hiver, tu joues, certes mal, mais que tu gagnes, se faire critiquer… À Bayonne, quand tu gagnes, même en jouant mal, tu es le roi du monde.

De retour au Stade Toulousain comme un nouveau joueur

Avoir quitté Toulouse, c'était mon plus gros échec. Parce que c'était chez moi, c'était mon club et j'avais vraiment envie d'y performer, de m'y faire une place. Mais partir m'a fait le plus grand bien. Je suis revenu en étant un autre joueur. Et je suis revenu en faisant comme si j'étais un nouveau joueur dans un nouveau club. Comme si je ne connaissais personne.

Chaque fois que j'arrivais en fin de contrat, j'avais en tête la phrase que j'avais dite en partant à Didier Lacroix : « Je m'en vais, mais je reviendrai ! » Une première opportunité s'était présentée à la fin de mes deux saisons à Agen. Mais le Stade Toulousain a préféré prendre Pierre-Gilles Lakafia qui accomplissait une belle saison à Albi. Pourtant, quand je signe à Bayonne, je fais ajouter une clause à mon contrat : si on n'est pas dans les six premiers au bout de ma deuxième saison, je peux partir. J'ai toujours en tête mon plan de carrière, mon objectif de revenir un jour au Stade Toulousain…

Le début de la seconde saison est un peu loupé et on décide, mon agent et moi, d'ouvrir les portes. Je suis très bien à Bayonne, je suis épanoui. J'adore les supporters, j'adore les joueurs, les entraîneurs. Mais mon plan de carrière veut que je parte. Pour être satisfait, je dois jouer le haut de tableau. Je ne joue pas en Top 14 pour jouer en Top 14. Et mon retour à Toulouse se fait naturellement. C'est le Stade Toulousain qui se manifeste en premier. Cédric Heymans va partir à Bayonne. Vincent Clerc se blesse plus souvent. Il y a une place à prendre. Et une volonté des deux parties.

Je signe mon contrat sans avoir vu Didier Lacroix, sans avoir vu Guy Novès. Jean-Michel Rancoule, le responsable du recrutement, est le seul présent le jour de la signature. Ça s'explique : on ne veut pas trop que ça se sache. On a donc organisé ça chez mon agent. Ce n'est qu'après avoir signé que Guy m'appelle. Il ne m'a montré son intérêt qu'après coup.

En fin de saison, je pars faire la tournée de juin 2012 en Argentine avec l'équipe de France. Normalement, on est censé avoir quelques jours de repos supplémentaires quand on revient de tournée. Mais, lors de celle-ci, on n'a disputé que deux matchs. Je suis à peine rentré que Guy m'appelle.

« Salut Yoann, c'est Guy. Tu comptes reprendre quand ?

– Je ne sais pas. Dans quatre semaines ?

– Ah bon, parce que tu n'en as pas eu assez avec les quatre mois que tu as passés sans jouer ? Ben, écoute, je t'attends là et à telle date. »

C'était une semaine après… Il m'a mis directement dans le moule. Avant de raccrocher, il ajoute : « J'espère que c'est le Yoann Huget de Bayonne que je vais voir, pas celui qui était chez nous en Espoirs… » La méthode Guy Novès, direct.

Mais je suis revenu pour ça. Je n'arrive pas en mode « Ça y est, c'est moi je suis enfin de retour et je vais vous montrer ». Au contraire, j'arrive sur la pointe des pieds, je travaille plus intensément que jamais, tout le temps, plus que les autres. Pour prouver. Mon objectif, c'est de lui montrer une autre image que celle qu'il avait de moi quand je suis parti. À l'époque, il nous connaissait déjà tous. Il avait beau nous observer de loin, il savait tout, de manière précise. Mais il gardait cette distance qui – c'est lui qui le dit – crée la crainte. Et la crainte amène le respect.

Guy, c'est un professeur de sports à l'origine. En conséquence, il aime le côté humain. Mais il a dû se forger un personnage car ses débuts comme entraîneur n'ont pas été faciles. Il a donc été obligé de créer des barrières. Mais chaque fois qu'il a pris des décisions, c'était pour le bien du club. Parmi tous les joueurs qui ont dû partir, un peu déçus, un peu blessés, je n'en connais pas un qui éprouve de l'animosité envers Guy Novès. Même partis fâchés du Stade Toulousain, tous les joueurs remercient Guy. Parce qu'il est dur, mais il est juste.

Guy a été un élément important dans ma carrière dans le sens où tu veux tout le temps lui montrer que tu es capable de répondre à ses attentes. Quand il vient te voir avant un match… Je me souviens, à l'époque, de la grande rivalité entre le Stade Toulousain et Clermont. On reçoit l'ASM. Et là, il me prend à part et me dit : « Tu sais, quand tu étais en fin de contrat à Bayonne, Nalaga l'était aussi à Clermont. J'ai hésité entre te reprendre ou prendre Nalaga. Parce que c'est vraiment un drôle de joueur… »

Il commençait comme ça dès le lundi et tu ne jouais que le dimanche. Alors, même si c'était caricatural, tu avais toujours cette envie de lui montrer qu'il ne s'était pas trompé dans son choix. Il savait parler aux joueurs, il savait les transcender. Tout comme le fait aujourd'hui Ugo Mola avec la nouvelle génération. Sinon, tu ne gagnes pas autant de titres.

À ce moment-là, je ne considère pas que je reviens au bercail. Je me dis que j'arrive dans un nouveau club où je ne connais personne. Bien sûr que je connais tout le vestiaire, je connais tout le monde, tous les papys, tous les entraîneurs du centre de formation. Mais dans ma tête, je reviens pour leur montrer que Yoann Huget a évolué. Je redécouvre l'environnement, je dois reprouver beaucoup de choses. Je veux en découdre avec tout le monde. Je sais qu'il y a beaucoup de concurrence, mais je suis venu pour ça. Pour me remettre en question.

Finalement, partir un temps, c'était un passage obligé. Pour casser cette image que j'avais pu me créer quand j'étais jeune, quand je jouais sur mes qualités, quand je n'étais pas assez travailleur. Le goût du travail m'est venu en partant.

Je retrouve également mon identité, cette philosophie de jeu qui est la mienne. Car mon sang coule en rouge et noir. Pour résumer le jeu toulousain, c'est la prise d'initiatives. On est incapables de tenir plus de quatre temps de jeu programmés. On n'y arrive pas. Au Stade Toulousain, le travail est axé sur le jeu après récupération, comment exploiter au mieux tous ces ballons de récup.

Parfois, tu as l'impression que tes adversaires glissent sur toi

Ce qui est difficile au Stade Toulousain, c'est le contexte de chaque déplacement. Chaque fois, c'est un événement pour l'équipe qui nous reçoit. On sent qu'on est attendus. Par l'adversaire, par ses supporters. L'atmosphère change. Sauf à Paris où, bizarrement, nous avons l'impression d'être chez nous. Que ce soit chez le Racing 92 ou le Stade Français, il y a toujours beaucoup de supporters toulousains dans le stade. Paradoxalement, c'est un peu comme si on jouait à la maison.

Mais excepté ces deux déplacements, c'est toujours le feu. À Castres, à Clermont, à Brive, à Toulon, qui délocalise souvent notre confrontation au stade Vélodrome de Marseille… C'est identique en Coupe d'Europe. Je me souviens que les Saracens nous avaient reçus, en octobre 2013, non pas dans leur enceinte mais dans le mythique stade de Wembley. C'était un mini-Crunch. Ils étaient invaincus depuis le début de la saison, et on avait gagné là-bas 17 à 16 ! Nous étions animés par une motivation extrême, à la sauce Guy Novès.

Ensuite, il y a les phases finales. Au Stade Toulousain, c'est toujours particulier. Tu sens que tout le club se transforme à l'approche de ces matchs. Tout le monde passe en mode matchs éliminatoires. C'est incroyable, ce changement de braquet psychologique. Le lundi, pour tout le staff, tous les joueurs, mais aussi le président, l'administratif, le curseur est monté d'un coup. Que ce soit l'intendance ou le terrain. Toi, joueur, tu sens cette effervescence nouvelle, tu l'absorbes. C'est une pression positive. Tu te mets en mode match international.

En fin de compte, une saison est usante, il faut le reconnaître. Individuellement, tu ne peux pas maintenir ton niveau d'intensité en permanence à cet extrême. C'est pour cette raison que le collectif est primordial. Tu ne peux pas avoir la même implication onze mois dans l'année, tu ne peux pas être à fond quand tu vas à Brive et quand tu joues une demi-finale européenne à l'extérieur. Tu sais que si tu perds à Brive en Top 14, tu peux te rattraper à la maison. On faisait donc des blocs de trois, quatre matchs, en en ciblant certains où l'on mettait un peu plus d'énergie. Inconsciemment, bien sûr, car tu as toujours envie de gagner tous les matchs. Mais ce n'est pas possible. Donc, dans ces blocs de trois, quatre matchs, chaque joueur savait à l'avance combien et lesquels il allait jouer. Tu connaissais tes plages de respiration et de régénération. Ça fonctionne ainsi depuis longtemps.

Je me souviens d'un des premiers matchs que je dispute après mon retour à Toulouse, en décembre 2012. Au Stadium, on affronte Clermont, qui, à l'époque, est au top. Cette saison-là, je joue beaucoup à l'arrière car Max (Médard) s'est fait les croisés. Du coup, en équipe de France, les sélectionneurs me font également jouer numéro 15 lors de cette période-là… Bref, je reviens de la tournée d'automne avec les Bleus et j'ai mal au genou. Mon ménisque se bloque quand je cours. Je dois chaque fois faire des petits mouvements pour qu'il se remette en place.

Avant cette rencontre, je me fais strapper, mais je dis à Christophe Foucaud, notre kiné, que je ne suis pas certain de tenir plus de dix, quinze minutes. Et en fait, tout se passe bien. Au retour des vestiaires, en début de seconde mi-temps, je relance de nos quarante, je traverse tout le terrain et je marque. Christophe me lance alors : « Le genou va mieux, non ? »

Il arrive parfois, lors d'une action, d'avoir l'impression que tes adversaires glissent sur toi. Tu ne fais rien de plus, rien de moins, mais tu développes une confiance, une énergie qui font que tout ce que tu fais fonctionne. Que tu peux tenter n'importe quoi, ça va marcher. Bon, ces périodes de grâce, par rapport à tout le travail que tu fournis en amont, saison après saison, sont rares et ne représentent pas grand-chose dans ta carrière. Cet essai contre Clermont était fabuleux. Sans doute le plus bel essai que j'ai inscrit. À égalité avec un autre, quand je jouais à Bayonne, lors de ma première année. Une interception contre… le Stade Toulousain.

Je ne sais pas combien d'essais j'ai marqués dans ma carrière. Ce qui m'importait, c'était mon activité sur le terrain. Il m'est arrivé d'inscrire deux essais, d'obtenir une superbe note dans les journaux, mais pour moi, mon rendu et mon apport à l'équipe étaient insuffisants. Inscrire deux essais, quand tu as la chance de jouer au Stade Toulousain où le jeu décale souvent les ailiers, ce n'est pas toujours très difficile. Et il est arrivé qu'en enlevant mes deux essais, le reste de ma prestation ait été nul.

Bien sûr que je retiens les essais que j'ai aplatis. Mais au fur et à mesure que ta carrière avance, tu as d'autres exigences que ces simples statistiques. Évidemment, les chiffres comptent. Combien d'essais marqués, combien de sélections, combien de matchs disputés… Mais il faut aller plus loin. Ce qui m'importait, c'était le plaisir pris. Parfois, j'ai reçu des notes catastrophiques parce que je n'avais pas marqué. Mais ce que j'avais fourni défensivement était tout aussi important, si ce n'est plus. J'avais rattrapé des coups. J'avais été le premier soutien juste pour sécuriser le ballon. Ou alors je m'étais proposé à hauteur de mon demi de mêlée ou de mon ouvreur pour faire avancer l'équipe…

Ça ne se voit pas toujours depuis les tribunes, mais tu sais quand tu as été important pour ton équipe. Comme ces matchs sous la pluie où il n'y a presque pas de jeu, mais où tu as réceptionné dix chandelles sur dix. Tu sais que tu as fait ton job. Et je prenais du plaisir à le faire. Prendre tous les ballons sur la tête des adversaires, cette sensation quand il pleut, qu'il y a du vent, c'est jouissif aussi.

Je me souviens d'un match très chaud à Toulouse contre Toulon. Jonny Wilkinson et Matt Giteau ne faisaient qu'arroser. Ça bombardait dans tous les coins. Et le temps où le ballon était en l'air, tu sentais la charge qui fonçait vers toi. Un troupeau de gnous comme dans *Le Roi lion.*

Boumboum, boumboum, leurs pas résonnaient sur la pelouse. Je me souviens que je me disais : « Tant que tu es en l'air, tu es en sécurité ! » J'avais donc trois priorités : sauter le plus haut possible, attraper le ballon et rester en l'air le plus longtemps possible pour attendre mon soutien.

D'abord, je m'annonçais aux coéquipiers. C'était un engagement de ma part. Ça signifiait qu'ils pouvaient préparer la suite. Sur le premier ballon, quand je vais au sol, Imanol Harinordoquy arrive aussitôt et me dit : « Bien, la Huge, quel saut ! » C'est comme s'il m'avait félicité après un essai. Mais quand on regarde mes statistiques, personne ne sait combien de ballons aériens, que ce soit défensivement ou offensivement, j'ai pu attraper dans ma carrière…

Je ne jouais pas au rugby pour attendre un ballon sur mon aile

J'étais intransigeant avec mes demis de mêlée. Le ballon, il fallait qu'il retombe à tel endroit. Parce que, là, je savais que j'avais de grandes chances de le récupérer. Mais pas cinq mètres trop court ou cinq mètres trop loin… J'ai fait vivre un enfer à Sébastien Bézy, Jean-Marc Doussain puis Antoine Dupont. Mais c'est comme ça qu'on progresse. Je les obligeais à rester avec moi à la fin de l'entraînement. Il y avait dix ballons à taper. Il fallait que j'attrape les dix d'affilée, sinon on recommençait. Mais après, et c'est primordial, une vraie connexion s'établit avec ton 9. À partir de ce moment-là, le mec a confiance en toi. C'est pareil avec ton 10.

J'avais cette relation-là avec Benjamin Boyet à l'Aviron bayonnais. Notre connexion était incroyable. Il savait que chaque fois que je venais me proposer, il pouvait me lever le ballon les yeux fermés. C'était déjà pareil avec Jérôme Miquel à Agen. Et ces deux garçons-là sont devenus des amis, je suis toujours en contact avec eux. J'ai toujours pensé qu'il fallait développer quelque chose de plus, cette relation de totale confiance, avec ton 9 et ton 10. Tu dois apprendre à les connaître, il faut créer un lien. J'aimais bien que mon demi d'ouverture lève le ballon tout de suite quand je l'appelais. Action, réaction. Il y a des ouvreurs qui allaient chercher un peu plus à la corde. Et ça me mettait un peu en retard. Il fallait donc travailler ce timing. J'avais besoin qu'on se comprenne parfaitement pour être performant.

Je n'ai jamais été un ailier qui restait collé sur la ligne. Ce que je préférais, c'était dézoner, venir me proposer autour du 9 ou du 10. Pour participer au jeu. Je ne jouais pas au rugby pour attendre un ballon sur mon aile à la 60e minute, marquer un essai et me dire « C'est bon, j'ai fait un super match ». Pour moi, ce n'est pas ça, le rugby.

Il y a un autre geste technique que j'adorais réussir : l'interception. Aujourd'hui, c'est beaucoup plus difficile. Si tu n'attrapes pas le ballon, c'est pénalité et carton jaune. Les « législateurs » ont un peu cassé le truc. Mais quand tu es acculé dans ton camp, près de ta ligne d'en-but, tu n'as parfois plus le choix. Soit l'adversaire marque, soit tu interceptes le ballon. Je jouais donc l'intox. Je tournais un peu les épaules comme si j'allais glisser en défense. Au moment où le porteur du ballon arme sa passe, il ne peut plus changer sa décision. À ce moment-là, tu n'as plus qu'à y aller, à tenter l'interception. Et comme je courais assez vite, il m'arrivait de marquer après un sprint de quatre-vingts mètres.

J'avais réussi cette action contre l'Écosse, à Murrayfield, lors du Tournoi des Six Nations 2014. L'ouvreur avait allongé sa passe pour sauter deux attaquants et j'avais vu qu'il ne me regardait plus. Mais après, il a fallu résister aux retours de Max Evans et Stuart Hogg, les plus rapides. Plus j'avançais, plus j'avais l'impression que la ligne d'en-but s'éloignait ! Le terrain était tellement gras. J'avais cette sensation que mon pied restait collé à la boue à chaque foulée. J'essayais de tirer mes pieds vers le haut.

On avait revu cette course avec mon préparateur. Il l'avait, à juste raison, trouvée dégueulasse. Mais je ne pouvais pas faire mieux ! Mes appuis collaient au sol. J'étais éclaté après cette course, la plus dure de ma carrière certainement. Parce que, sinon, on est préparé à faire de longues courses quand on joue ailier. On couvre beaucoup de terrain. On fait des sprints de quarante mètres sur les ballons de renvoi. Ou sur les ballons de repli. Je savais gérer la répétition de ces efforts à vitesse maximale. J'étais préparé pour ces courses à haute intensité.

Je préférais marquer un essai plutôt que de faire une passe décisive. J'aimais débloquer les actions, mais si je pouvais conclure l'action en marquant… Exactement comme un buteur au foot. Même si le rugby est collectif, au moment de franchir la ligne d'en-but, concrétiser l'action pour tes copains, pour ton club te fait ressentir un sentiment de jouissance.

Les deux essais que je marque en finale du Top 14 contre Clermont, en 2019, c'est typiquement le match parfait que je peux sortir. Je suis présent défensivement et je marque ces deux essais sans avoir rien à faire. Cette sensation de récompenser l'équipe est extraordinaire. Tu tombes au sol, tu aplatis, et tu vois tout le stade qui se lève. Le contraste est saisissant à cet instant-là. C'est une sensation impossible à décrire. Ce moment où tu plonges et que tu vois tout le virage se dresser d'un bond. J'imaginais, chaque fois que j'aplatissais, le plaisir que pouvaient ressentir mes proches, ma famille, à cet instant-là. Tu sais, tu sens, que tu transmets de la joie à beaucoup de personnes à la seconde où tu aplatis le ballon.

J'adorais également plaquer. Je m'appliquais particulièrement sur le premier plaquage que j'avais à faire dans la rencontre. Parce que ça me mettait dans le match. Et ça mettait aussi mon équipe dans le match. Si tu réussis un gros plaquage offensif d'entrée, ça met ton équipe dans l'avancée, ça donne confiance à tes coéquipiers. Ça montre qu'on est dominant. Ce qui me rend le plus fier, c'est de savoir qu'aucun mec qui a joué en face de moi n'a pu se dire « Je vais passer un match facile ». Que ce soit dans les airs ou sur le terrain.

J'ai été quelques fois capitaine du Stade Toulousain et je n'étais pas adepte des grands discours d'avant-match. Je parlais une ou deux minutes, juste avant de sortir des vestiaires. Tu ne peux pas remonter les mecs à chaque fois tant on enchaîne les matchs. Mais j'essayais de cogner un mec d'entrée au plaquage pour montrer l'exemple, donner le ton.

Je respectais également beaucoup les arbitres. J'essayais d'avoir une bonne relation avec mon juge de touche. On passe pas mal de temps avec lui quand on joue ailier, plus qu'avec l'arbitre central. Alors si les cinquante centimètres peuvent m'être favorables… On sait que c'est à l'appréciation de l'arbitre. À chaque coupure, je parlais donc à mon juge de touche. Je lui demandais s'il allait bien, s'il était en forme. Toujours avec le sourire, pour nouer une proximité. C'était une relation rigolote. Avec certains, on a sympathisé. Et de plus en plus ma fin de carrière approchant. C'était plus facile. Tu les connais bien et réciproquement. J'avais ainsi de très bonnes relations avec Romain Poite, un arbitre qui était ouvert à la discussion.

Le respect de l'arbitre est une valeur cardinale, ancestrale, du rugby. Nous, les joueurs, nous n'avons pas envie d'y déroger. Ça fait partie intégrante de notre sport. Alors même si, parfois, certaines décisions sont sévères, voire incompréhensibles, il faut faire avec et garder cet état d'esprit, ce respect. Quand on discutait après les matchs, les arbitres étaient les premiers à me dire qu'ils ne sont pas infaillibles, que nos règles sont très complexes et qu'il leur arrive de se tromper. On le sait, et on le comprend.

Avec les arbitres anglo-saxons, en revanche, il n'y avait aucun contact. Ils sont plus fermes que les Français, moins ouverts au bavardage. J'essayais d'anticiper leur réaction en travaillant en amont sur leurs spécificités. Chacun avait sa marotte. L'un, c'était le jeu au sol ; l'autre, le plaquage. Certains dégainaient plus vite les cartons que d'autres. Je cherchais à savoir s'il récompensait plus l'équipe qui attaque ou celle qui défend. Pour adapter mon jeu à l'arbitre.

Revenons à mes statistiques d'essais. Le seul truc que je sais, c'est que Max (Médard) a inscrit quatre-vingt-dix essais en Top 14 pour le Stade Toulousain. Je regardais ses chiffres en sachant que j'étais derrière et que je ne parviendrais pas à le rattraper. J'ai donc dû consulter ma fiche sur Internet pour connaître mon nombre d'essais inscrits en Top 14 avec le Stade : cinquante-neuf. J'ai également découvert que, toutes compétitions confondues, j'avais inscrit cent six essais en matchs officiels. Je suis content parce que ça balise ma carrière. Mais ça ne va pas plus loin que ça, même si ce n'est pas mal. D'autant qu'on a connu une longue période difficile avec le Stade Toulousain, de 2013 à 2017, pendant laquelle notre jeu ne se mettait pas en place.

On bataillait pour gagner des matchs. Au rugby, ce qui est bien – car juste –, c'est que si tu n'es pas dans un collectif qui carbure, tu peux être le meilleur joueur du monde, tu ne marqueras pas d'essai pour autant. Le collectif est au-dessus de tout. Ces quatre saisons-là, le Stade, qui était habitué à jouer beaucoup, et donc à marquer beaucoup d'essais, n'y arrivait plus. On était alors à un changement générationnel. Du staff, de l'administratif et de l'effectif. On sentait aussi que le club était en difficulté financière. Tout le reste découlait de ce dernier point. Dans notre sphère sportive, on savait qu'il y avait des problèmes. On changeait d'équipementier, des sponsors partaient, la boutique était vendue, on perdait le soutien de marques ancestrales… Tout cet environnement finissait forcément par se répercuter sur nos résultats. Il n'était pas propice à la sérénité.

Ugo Mola arrive dans un vestiaire pro-Guy Novès

C'était difficile à vivre. Quand j'arrive, Toulouse a été sacré champion d'Europe en 2010, champion de France en 2011 et 2012. Le frigo est plein. Et on a du mal à se remettre en question pendant deux ou trois ans. Et puis, en 2015, il y a un changement d'entraîneur. Guy s'en va, Ugo arrive à la tête d'un groupe pro-Guy. Car il ne faut pas se mentir, nous étions tous pro-Novès.

Au début, Ugo en a chié fort. Si ce n'avait pas été Toulouse, je pense même qu'il aurait pu se faire écarter. Il reste en place alors que c'est la première année où on ne se qualifie pas pour la phase finale du Championnat. Mais c'est aussi la force du Stade Toulousain d'être patient. Un an, deux ans, voire trois, parce que, la saison d'après, on perd en barrage à la maison, face à Castres. Pas besoin de faire un dessin…

C'était très dur, je le reconnais. Personne ne faisait de cadeau à Ugo. On remettait en cause sa légitimité, sa crédibilité. Difficile quand tu as l'habitude de bosser depuis vingt ans avec une méthode, une formule qui a fait ses preuves. Et lui, jeune entraîneur qui arrive d'Albi… Ce n'était pas le coach que nous attendions. Nous ne l'estimions pas beaucoup au début, je l'avoue.

Mais Ugo a été intelligent. Il n'a pas fait de vagues malgré les embûches. Quand tu as le public contre toi, que, pour ta première saison, tu ne qualifies pas le club pour les phases finales du Top 14, tu n'as plus qu'à faire le dos rond. Mais il n'a pas oublié cette période. Quand tu lui en parles, c'est toujours un peu à vif.

Ugo Mola en a donc bavé pendant deux ans. Et deux ans, c'est long. Quand il prend les commandes, il y a un groupe de joueurs qui est contre lui, qui ne croit pas trop au projet. Pierre-Henry Broncan arrive à son tour. Pourquoi ? Comment ? On ne sait pas trop. Il se passe beaucoup de choses, en fait. Il a fallu qu'Ugo trouve sa place, tout simplement. Mais il avait ses idées. Il savait ce qu'il voulait faire et où il voulait en venir.

En 2019, on est enfin à nouveau champions. Le mérite en revient notamment à l'intelligence qu'a eue Didier Lacroix, devenu président, de croire au projet d'Ugo et de tout mettre en œuvre pour qu'il réussisse. Je suis alors en fin de contrat, mais je ne veux pas trop partir. On dit tous qu'on veut partir, mais finalement, on reste. Je reste parce que je n'envisage pas de quitter le Stade Toulousain sans avoir gagné un titre. J'étais animé par ça tous les jours quand je faisais mes entraînements supplémentaires : gagner quelque chose avec Toulouse.

Ugo Mola est différent de Guy Novès. Il ne pouvait pas arriver en étant la copie conforme de Guy. Ces derniers temps, il commence à lui ressembler parce qu'il a cette culture toulousaine, parce qu'il a été éduqué par Guy. C'est pour cela que l'entité Guy Novès restera éternelle su Stade.

Mais au début, Ugo essaie d'arriver avec un truc différent. Il veut mettre une nouvelle énergie, ouvrir un peu plus le club, ouvrir le vestiaire. Nous sommes encore des puristes des années Novès et nous le prévenons. On lui dit : « Fais attention, ça, on n'aime pas trop. » Mais il est obligé de tout ouvrir et, après, de voir ce qu'il se passe.

Nous avions l'habitude d'un vestiaire assez confidentiel. C'est-à-dire que personne ne peut rentrer comme ça dans notre vestiaire. Cette place-là, elle se gagne. Voir des joueurs Espoirs qui débarquent dans le vestiaire, pour nous, c'était impossible. Parce que ce privilège est tellement dur à acquérir… Nous en avions tellement chié, nous, avec « Garba » (Xavier Garbajosa), Vincent (Clerc), Cédric (Heymans), toute cette génération à laquelle Frédéric Michalak avait auparavant déjà fait la misère…

C'était difficile, toutes ces années sans titre. Je suis revenu en 2012, et en 2018, toujours rien. Cette saison-là, je m'étais engueulé très fort avec Ugo parce qu'il ne m'avait pas fait jouer le barrage à domicile contre Castres. Sa décision n'était pas passée. Je ne comprenais vraiment pas pourquoi Ugo ne me faisait pas jouer. J'étais en forme, je marquais des essais – j'étais parmi les meilleurs marqueurs du Top 14 –, je participais lors des entraînements, j'avais joué tous les matchs précédents. Et là, il me sort en me disant qu'il me met remplaçant parce que je peux couvrir les postes de centre et d'ailier. Incompréhensible. À part un match gagné contre le Leinster par inadvertance – dont on parle encore entre nous… –, où j'ai dû rentrer au centre avec Sofiane Guitoune parce que Romain Ntamack avait pris un K.-O.

au bout de dix minutes et qu'on n'avait pas le choix, je n'ai pas d'autre expérience à ce poste. En plus, dans l'effectif, on a l'ailier sud-africain Wandile Mjekevu qui a déjà couvert plusieurs fois, et sans problème, le poste de centre.

Ugo me prend donc à part avant ce barrage en me prévenant que je serai remplaçant au centre. Je lui réponds : « Si je suis franc et honnête, Mjekevu est dix fois meilleur que moi au centre. S'il y a un blessé, je n'ai pas envie de faire perdre ou de plomber l'équipe. Donc, tu me sors du truc, il n'y a pas de problème. Je ne me vois pas prendre la place d'un mec qui est meilleur que moi pour couvrir ces deux postes. » Je lui demande donc de me sortir de la feuille de match. Mais surtout, je ne comprends pas pourquoi il ne me fait pas démarrer la rencontre.

On perd ce barrage, et à la fin du match je demande à voir Ugo pour lui demander des explications. Explications qui ne me conviennent pas. On se prend un peu la tête. Puis on finit par remettre les choses à plat. Entre nous deux, ça s'arrange vite. À l'inverse, même, lui avoir parlé franchement, l'avoir affronté, a créé des liens. Comme je le lui avais dit en aparté, ce qui m'agaçait, ce n'était pas lui. Partout où je suis passé, je n'ai jamais eu de problème avec le coach, quel qu'il soit. Je n'ai jamais eu de problème avec Guy, je n'ai jamais eu de problème avec Christian, avec Christophe. Partout où je suis passé, on m'a toujours fait jouer. Je n'ai jamais été blacklisté.

Donc, je ne comprenais pas pourquoi, avec Ugo, quelque chose coinçait quelque part. J'avais l'impression qu'il avait un truc contre moi, un problème, mais je ne voyais pas lequel. Je lui demande donc de me dire franchement si c'est bien le cas. « Je suis capable de l'entendre et je chercherai un nouveau club. Je m'entraîne toute l'année pour jouer ces matchs-là, je vis pour ces moments. Si tu ne veux pas me les faire jouer, tu me donnes mon bon de sortie et je m'en vais. » En fait, il n'y a rien de tout ça. Il m'assure qu'il compte sur moi. Ce qui peut paraître paradoxal. Mais il a considéré, sans doute avec raison, que, pour ce match-là, il préférait aligner « Chess » (Cheslin Kolbe), qui fait une grosse saison, Thomas Ramos, parce qu'il faut un buteur, et Max Médard parce qu'il avait besoin d'un gros pied gauche. OK.

Il y avait un abcès à crever avec Ugo car j'avais fourni de lourds efforts pour revenir, et ça faisait beaucoup. Mais une fois celui-ci crevé, ça s'est aussitôt amélioré. On avait une relation de confiance. Plus tard, quand je l'ai mis au courant de ma blessure au tendon d'Achille, je pouvais lui dire quand il valait mieux que je souffle un peu. Quand il valait mieux que je me régénère au regard des trois matchs à venir. On a réussi à instaurer une relation de pleine confiance.

Cette discussion a eu le mérite de tout changer entre nous. Il y a des relations qui commencent mal et qui ne s'apaisent jamais. Avec le recul, je suis content d'avoir écouté ses arguments, d'avoir mis de l'eau dans mon vin, et réciproquement. On a fait preuve d'écoute l'un envers l'autre. On s'est rendu compte qu'on voulait la même chose : que le club marche. Depuis, avec le Master que j'ai suivi, je comprends a posteriori parfaitement son positionnement, sa manière de procéder.

Mais je ne jouais pas au rugby pour entrer à la 60e minute. J'acceptais d'être remplaçant, mais je savais que je ne pouvais pas être performant en entrant pour vingt minutes. Ce n'est pas dans mes gènes. Je n'ai jamais été un *impact player*. Il y en a qui aiment ça ou qui s'y sont habitués. Ma préparation ne fonctionnait pas pour cela. Je ne pouvais pas m'échauffer puis aller sur le banc des remplaçants attendre une heure avant de jouer. Je n'y arrivais pas. Je savais que je n'étais pas bénéfique pour mon équipe. Heureusement, j'ai eu la chance de disputer la plupart de mes matchs comme titulaire…

Il fallait parfois être un peu méchant avec la nouvelle génération

On voit également débarquer dans l'équipe la nouvelle génération, les champions du monde des moins de 20 ans : Lucas Tauzin, Matthis Lebel, Romain Ntamack. J'avais déjà vu arriver celle des Cyril Baille, Julien Marchand, Dorian Aldegheri, François Cros…

Dans la nouvelle génération, il y a aussi Antoine Dupont. Quand il arrive au Stade Toulousain, pendant l'été 2017, tout le monde l'a oublié, mais il est souvent blessé. Il se blesse gravement au genou avec l'équipe de France en ouverture du Tournoi des Six Nations 2018. Fin 2019, quand il revient de la Coupe du monde, il a mal au dos, il est arrêté de six à sept semaines. On sent qu'il a des qualités, bien sûr, mais il a un temps de démarrage assez long et assez poussif à Toulouse…

Cette nouvelle génération, on avait tous vite vu qu'elle avait un gros potentiel. Parce qu'ils étaient déjà professionnels. Mais ils avaient besoin de connaître l'institution. D'apprendre les règles du vestiaire aussi. On leur a fait un peu ce que nous avaient fait les anciens : les faire chier, les remettre à leur place, être même un peu méchants, parfois. Méchants dans le sens sportif. On ne les insulte pas, mais les remettre à leur place pour leur inculquer les règles de vie du vestiaire. Respecter les codes, les valeurs. Il ne faut rien laisser passer, ne pas être sympa. Si un jeune s'assied à ta place dans le bus, tu lui dis tout de suite de se lever et d'attendre que tout le monde soit à sa place pour prendre la sienne.

Quand un jeune rentre dans le vestiaire, dès qu'il ouvre la porte, tu le mets un peu mal à l'aise en lui demandant ce qu'il fait là, s'il cherche quelque chose… Pour voir s'il a du répondant. Et, surtout, pour lui faire comprendre que le vestiaire compte. Que tu n'y rentres pas comme ça. Que cette place est chère. Ils le comprennent généralement. Sinon, ça signifierait que tout ce que tu as enduré, toi, pour en arriver là, ça devient banal. Or, une place dans le vestiaire de l'équipe première, ça ne doit jamais devenir banal. C'était notre source de désaccord avec Ugo Mola à ses débuts. On ne voulait pas qu'il ouvre notre vestiaire à tout le monde. « Ça ne va pas le faire, ça. Si on ne respecte pas ça, ce n'est plus le club qu'on aime. » Tout doit se mériter au Stade Toulousain. Et quand le jeune a enfin sa place et son casier dans le vestiaire, il sait à son tour tout ce qu'il a dû faire pour en arriver là.

Mais les jeunes peuvent nous chambrer en retour. Il le faut d'ailleurs. Pour qu'ils prennent part au groupe, y trouvent leur place. Mais à un moment donné, il y a une hiérarchie. Aujourd'hui, ce sont eux qui dominent cette hiérarchie. Pour obtenir cette place, il faut, avant, être conscient des efforts à fournir. Un joueur peut montrer l'exemple en parlant. Mais avant tout – et surtout –, il doit le montrer dans ses faits, dans ses gestes, sur le terrain. C'est le plus important.

J'admirais Vincent Clerc et Cédric Heymans. Tout comme Émile Ntamack, qui avait bercé mon enfance. Vincent et Cédric ont, eux, éclairé mes débuts. C'étaient deux modèles pour moi. Dans leurs placements. Vincent se déplaçait beaucoup, avait une énorme activité sur le terrain. Cédric, lui, était le poinçonneur. Capable de te sortir un cad-deb d'école ou une grosse accélération sur chacune de ses actions. Il était très altruiste aussi. Je me suis inspiré du mix des deux en les regardant jouer et s'entraîner.

Mais ils ne m'ont pas tellement aidé. Au contraire, même, ils m'ont fait la misère. Eux deux et « Garba » (Xavier Garbajosa). C'était horrible. Le matin, j'arrivais à l'entraînement en me demandant à quelle sauce ils allaient me manger, ce qu'ils avaient préparé pour me casser la tête, me faire chier. J'ai vite compris que, quand l'un des trois venait me parler gentiment, s'asseoir à côté de moi, ce n'était pas bon signe. Il fallait que je surveille où étaient les deux autres. Car ce n'était pas foncièrement pour prendre des nouvelles d'un gamin de 17 ou 18 ans. J'avais beau essayer d'être avenant et gentil avec eux, ça ne changeait rien.

Mais c'est culturel, ça marche comme ça au Stade Toulousain. Si tu attends que quelqu'un te tende la main, tu es mort. Ce n'est pas péjoratif. C'est normal et bénéfique. Ton trou, tu es obligé de te le faire tout seul. Qu'est-ce que tu attends ? Que ton concurrent, celui à qui tu veux prendre la place, te dise « Viens, je vais te montrer comment ça se passe » ? J'ai fait la même chose avec Matthis Lebel. Je lui ai certes donné quelques conseils d'ordre général, comme en faire plus en dehors des entraînements, mais je ne lui ai pas tendu la main pour qu'il prenne ma place.

Quand il y avait une connerie à faire, j'étais toujours celui qui se faisait prendre

On ne peut même pas raconter ce que Frédéric Michalak nous faisait parce que les gens nous prendraient pour des fous. Quand tu retrouvais toutes tes affaires, tous tes vêtements noyés sous la douche. Juste parce que tu avais branché un petit peu, lancé deux, trois vannes. « Ah ouais ? OK, tu vas voir… » On se retrouvait dehors à poil pendant les stages. On me rasait la tête à la moindre occasion. On recevait un colis au Stade Toulousain ? On le retrouvait dans un sale état. On devait leur servir à manger le midi…

Fred, Garba, Clém (Poitrenaud) ont gagné des titres parce qu'ils avaient cette folie en eux. Garba était vraiment *no limit*. Quand il était blessé au genou, il venait souvent s'entraîner avec les Espoirs. Il nous insultait tout le temps. Sorti de son contexte, c'est difficilement acceptable. Ce n'est sans doute pas compréhensible vu de l'extérieur. Mais en fait, il n'y avait rien de méchant, de violent, de malsain. Aujourd'hui, ce serait quasiment impossible de faire les mêmes conneries. Mais c'étaient des choses qu'on acceptait, parce qu'à l'époque c'était comme ça. C'est simplement une question de génération. Ce sont des moments difficiles, mais qui forgent. Qui sont importants dans une culture de club.

Quand il y avait une connerie à faire, j'étais toujours dans le camp des meneurs. Mais j'étais aussi celui qui se faisait toujours prendre. Tu sais que ça va arriver, que tu vas le payer, mais bon, tu le fais quand même. Parce que c'est l'esprit rugby. Tu ne peux pas t'intégrer dans un groupe si tu restes dans ton coin. Il faut faire quelques conneries pour participer à la vie de groupe. Alors tu branches en sachant que ça va te retomber dessus. Tu ne sais pas quand, mais tu sais que, en t'attaquant à certains mecs, tu vas subir des représailles. Surtout quand tu t'en prends aux « gros ». Ils n'aiment vraiment pas ça. Autant, entre trois-quarts, on est gentils, on ne se fait pas trop mal, autant avec les avants, il n'y avait pas de limite.

À l'époque, je m'étais acheté une Mini. Les gros m'avaient prévenu. Je les avais emmerdés deux ou trois fois, à les traiter de cochons pendant l'entraînement, à leur jeter des ballons à la tête. Ils me disaient « Attention, attention… », me menaçaient chaque fois : « Ne t'inquiète pas, Yoann. Tu ne perds rien pour attendre. Tu vas voir… » Mais comme ils ne me faisaient rien, j'accentuais de plus en plus, comme un enfant qui cherche les limites. Je répondais en les provoquant un peu plus. « Toi, tu ne vas jamais rien faire, tu n'as jamais rien fait ! » Au lieu d'apaiser la situation, je jetais de l'huile sur le feu. Je me persuadais que non, vraiment, ils n'allaient quand même pas faire ça, que je ne paierais jamais pour tout ce que je leur faisais subir.

Jusqu'au jour où, après l'entraînement… C'était un soir de plein hiver. J'étais toujours le dernier à sortir du vestiaire. Et là, je retrouve ma Mini sur quatre cales. « Non, ce n'est pas possible ! Vous n'avez pas fait ça ! » Eux passaient devant moi en voiture pour me prendre en photo et se foutre de moi. Je me suis donc retrouvé avec quatre roues à remettre dans le froid. Avec les autres qui rigolaient en me regardant. Mais les coupables n'ont jamais avoué. Bon, là, j'ai compris le message et j'ai un peu freiné sur les provocations.

En revenant à Toulouse, j'ai perdu de l'argent

Je me souviens de Romain quand il avait 5 ans, qu'il accompagnait régulièrement son père qui nous entraînait en Espoirs. Il venait également tous les dimanches pour nos matchs. Il arrivait avec son ballon. Il nous suivait. Je me souviens qu'il est même parfois venu vêtu d'un déguisement. On voyait bien qu'il était content. Mais il n'était pas démonstratif. Jamais.

Un jour, à la fête foraine, je l'avais emmené dans un manège assez impressionnant. J'avais crié, lui rien. Pas un son. Et quand le tour a été terminé :

« Ça t'a plu ?

– Oui, c'était bien. »

Rien de plus. Romain a toujours été comme ça. Totalement maître de ses émotions. Comme je l'ai connu tout petit, je vois toujours en lui le gamin qui arrivait dans le vestiaire des Espoirs, se mettait dans un coin et nous observait. Et comme j'avais encore cette vision des années plus tard, je lui criais souvent dessus pendant les matchs et ça le gonflait. « Tu ne fais que râler », me disait-il. Mais c'était déconcertant de jouer avec un garçon que j'avais vu grandir pendant quinze ans.

Romain, je n'ai jamais eu aucun doute sur son avenir. Il était tout tracé. Je n'avais même pas besoin de le voir jouer pour savoir qu'il serait bon. Quand il était à l'entraînement avec nous, je voyais sa manière de tenir le ballon, de taper dedans à même pas 10 ans. De savoir tout faire avec le ballon. C'était écrit pour lui. Pas seulement parce qu'il était trop fort. Il y en avait d'autres. Mais lui a toujours eu le côté mental en plus. Tu peux être pétri de talent, si la tête ne suit pas… J'en ai croisé un paquet. Lui ne parlait pas mais écoutait beaucoup, y compris ce que disait le staff, et il observait tout, tout le temps. Il avait faim de réussir, envie d'en découdre.

Cette génération est différente de la nôtre. Déjà parce qu'ils sont imperméables à la pression. Ils sont sûrs de leur force. Mais, comme nous, ce sont des garçons qui, avant tout, aiment ce club, jouent pour ce maillot. On le dit, et les gens pensent que c'est une légende. Pourtant, tous les joueurs qui sont au Stade Toulousain gagneraient ailleurs dix ou quinze pour cent de plus que leur salaire actuel. Mais dans un autre club, est-ce qu'ils gagneraient autant de titres ? Est-ce qu'ils bénéficieraient d'autant de sérénité ?

Je voyais tout cela se mettre en place, des joueurs qui n'avaient pas beaucoup joué pendant un an ou deux et qui commençaient à râler. Je leur disais de prendre leur temps, je les alertais. Partir dans un autre club, attention, ce n'est pas le Stade Toulousain dans la manière de faire. Avec tout le respect que j'ai pour tous les autres clubs, si on a vingt-deux titres de champion de France, c'est qu'on a quelque chose de différent. Je leur disais : « Tu vois, ce n'est pas vingt-deux titres dans les années soixante et soixante-dix, c'est vingt-deux titres sur plusieurs générations de joueurs. Des joueurs qui sont passés et qui ont gagné. C'est une institution ici. » Je l'avais dit également à Gaël Fickou et à Cheslin Kolbe quand ils sont partis. « Vous êtes certains ? Car plus rien ne sera pareil. » Le Stade Toulousain, c'est un modèle. Un modèle sportif et un modèle économique. Parce que ça fonctionne.

En venant à Toulouse, j'ai perdu de l'argent. Mais je n'ai jamais joué pour l'argent. Au Stade, tu as la sérénité de ne penser qu'au sportif. De ne pas te demander « Est-ce que l'année prochaine le coach va se faire virer ? Est-ce qu'on va changer de président ? » De ne pas t'inquiéter de savoir qui va reprendre le club parce qu'il est en difficulté financièrement.

Tout cela, ça te permet de t'entraîner et de jouer dans un certain confort mental qui n'est pas négligeable. Pour moi, c'était le plus important. Ne penser qu'au rugby. À Agen, il m'était arrivé d'apprendre sur Infosport que mon coach, Henry Broncan, s'était fait virer ! C'était devenu monnaie courante, presque normal, dans d'autres clubs, de monter au créneau pour dire « On n'aime pas ce coach ».

De mon point de vue, quand on joue au rugby, il est primordial d'avoir une stabilité, de profiter de cette sérénité. Et il y a très peu de clubs aujourd'hui où les joueurs peuvent affirmer qu'ils vont être tranquilles pendant dix ans avec le même entraîneur. C'est pour cela que le Stade Toulousain a remporté autant de titres. Il ne faut pas se leurrer. À Toulouse, on est rassurés.

Avec Max Médard, une relation de frères

Sportivement, par le talent, je ne me souviens pas d'avoir été vraiment bluffé par un autre joueur. Mais il y en a trois qui m'ont marqué par leur charisme. « Titi » (Thierry Dusautoir), parce qu'il s'envoyait pour dix pour l'équipe quand ça n'allait pas. William (Servat), une véritable énigme du sport, du rugby. Le mec était une force de la nature. Il arrête et devient entraîneur. On lui demande de revenir jouer et il est meilleur que tout le monde. Il était incroyable. Je me souviens, il revient pour affronter le Stade Français au Stade de France. Et on gagne. Dans ton équipe, tu as besoin de ce genre de joueurs qui fédèrent autour d'eux, qui créent des trucs incroyables. Le troisième, c'est Wesley (Fofana). Il était surdoué et il aurait mérité encore mieux, une plus grande carrière après ses débuts fracassants. Pour l'avoir côtoyé – et c'est devenu un ami –, je sais qu'il en garde une petite frustration.

Ensuite, il y a évidemment Max (Maxime Médard). Un joueur incroyable avec un pied gauche unique. On s'est rencontrés pour la première fois en minimes. Max jouait avec Blagnac, moi avec Toulouse. Tout le monde m'avait prévenu : « Tu vas voir, ce joueur, c'est le futur. » Et Blagnac gagne le tournoi. Misère. Il m'en a parlé pendant dix ans, de ce tournoi. « Vous vous la racontiez, les Toulousains, mais on vous a battus… » Il en faisait des tonnes chaque fois qu'il m'en reparlait.

On est vite devenus les meilleurs potes. On avait les mêmes centres d'intérêt : on aimait le rugby et rigoler, s'éclater sur le terrain. Il fallait cependant nous canaliser car on était tous les deux aussi mauvais perdants. Combien de fois on s'est engueulés ? Mais au-delà de ça, on passait vraiment de très bons moments ensemble. Max était un confident, on se racontait nos vies. Mais il était surtout un frère dans la concurrence. Il me mettait un boost énorme, et réciproquement, je pense.

Plus les années passaient, plus on se retrouvait comme les deux anciens du Stade Toulousain. C'était devenu une relation de frères. On se cherchait, on se poussait, on se tirait. On voulait toujours être meilleur que l'autre. Toujours. Chaque jour, on arrivait à l'entraînement animés de la volonté de prouver qu'on était meilleur que l'autre, comme deux frères qui se tirent tout le temps la bourre. Dès qu'on finissait, j'allais voir ses stats et lui allait voir les miennes. Combien il avait fait, s'il m'avait dépassé. Le problème, c'est que plus le temps passait, moins on allait vite… On aimait courir, alors on regardait de plus en plus les distances parcourues et de moins en moins les vitesses atteintes. C'était rigolo.

Avoir un compagnon de route comme lui, ça m'a constamment poussé à aller plus loin. Les gens ne se rendaient pas forcément compte, mais on ne se faisait aucun cadeau, avec Max. On se rentrait dedans. C'était toujours avec lui que je me disputais en premier. Sur tous les terrains. À l'entraînement, on s'engueulait souvent, au point de ne plus se parler pendant trois jours. Parce qu'on est comme ça, Max et moi. Et bizarrement, ça permettait d'enlever toutes les tensions dans le vestiaire.

C'est mieux d'être en concurrence avec quelqu'un qu'on apprécie. On sait que ce sera sain, qu'on se tire vers le haut. On donne tout sur le terrain à l'entraînement, le coach fait son choix, et on passe à la suite. Dans les autres clubs où je suis passé, c'était pacte de non-agression toute la semaine, le coach choisissait et chacun râlait de son côté. Ce qui ne donne pas de bons signaux dans l'équipe.

Quand on jouait un match ensemble, ce qui est souvent arrivé, on était tout le temps collés sur le terrain. On se connaissait par cœur. Je pouvais anticiper ses courses et, à l'inverse, Max pouvait me suivre, il savait ce que ça allait donner. On avait cette faculté d'anticiper chaque mouvement de l'autre. On savait ce que l'autre allait faire, et ça nous a permis de décanter beaucoup de situations ou de venir en aide à l'autre.

Max était toujours énervé. Il me faisait tellement rire… Ça me manque de ne plus avoir son humeur du matin. Un jour, en arrivant, il pouvait te faire la bise et, le lendemain matin, ne même pas te dire bonjour. Parce que quelque chose l'avait chagriné. Juste un petit souci et il n'avait plus envie de rigoler, de faire des blagues. Avec lui, tu devais t'adapter chaque matin. C'était un râleur hors pair. À chacune de ses fins de contrat, il était énervé. Il disait qu'il voulait partir. Et il est resté vingt ans. C'est rare, ça. Mais il ne lâchait jamais rien, et en définitive, il a tout donné pour son unique club.

On s'entendait très bien aussi pour faire les conneries dans le vestiaire. Mettre de la crème chauffante dans le slip ou dans le casque de Dorian Aldegheri, enduire le protège-dents de Cyril Baille ou de Julien Marchand de vaseline. On avait pris les trois petits cochons dans le collimateur. On les avait vus arriver tout jeunes. Mais ils ne se laissaient plus faire et on a pris quelques roustes en retour. On se le faisait entre nous aussi. Et il n'y avait aucune surprise. On pouvait se faire la même blague tous les jours pendant un mois. Faire un nœud à une jambe de pantalon pour que l'autre se casse la figure en le mettant. C'était sans fin.

On se voyait tous les jours. On se voit moins désormais. Je suis à Paris, il est à Toulouse. Max, c'est compliqué d'avoir de ses nouvelles. Il a un peu disparu de la circulation. On ne l'a pas trop vu pendant la Coupe du monde en France. C'était une occasion de revoir tous les anciens. Dès qu'on apprenait qu'il y avait un petit regroupement sur Paris, on se retrouvait dans un bar pour boire un ou deux verres. Mais il est resté à Toulouse. Ou, s'il est venu à Paris, il ne me l'a pas dit…

Mais je sais que je peux l'appeler à n'importe quelle heure du jour ou de la nuit, il sera présent pour moi. Et réciproquement. On s'est connus à l'âge de 14 ans, ce n'est pas une amitié qui s'efface parce que tu ne te vois presque plus.

Je n'ai pas besoin de le voir tous les jours pour savoir qu'il est toujours là. C'est comme la famille.

La vie de rugbyman est très, très communautaire. En ce qui me concerne, lors des dernières années de ma carrière, j'avais besoin d'avoir mes moments à moi, tout seul dans ma chambre. À la maison, on était en permanence quatre, avec mon ex-femme et mes deux filles. Et quand je quittais cette vie de famille, je me retrouvais à plus de trente. Donc, quelquefois, ça fait du bien de se retrouver seul, de faire ce dont on a envie.

À Toulouse, quand on a un peu d'ancienneté, on arrive à négocier une chambre où on est seul. Le jour du match, j'appréciais de me lever très tôt, à 7 heures du matin, pour prendre mon petit déjeuner tranquillement puis rester à table jusqu'à l'arrivée de ceux qui viennent de se réveiller, avec les yeux qui collent encore, pour les emmerder un peu. Vers 11 heures, je retournais dans ma chambre. Pour dormir ou regarder une série. J'avais besoin de cette bulle-là.

Sinon, il faut bien choisir son compagnon de chambre. En équipe de France, j'ai eu la chance de la partager pendant des années avec Wesley Fofana. On était similaires. On ne sortait même pas à Paris le jour *off*. On préférait rester à Marcoussis, où il n'y avait presque plus personne. C'était notre moment de répit. On pouvait se faire un spa. On mangeait bien parce qu'on allait au restaurant de Marcoussis et non à l'habituelle cantine des joueurs. On avait tous les kinés à notre disposition. On prenait le temps de discuter avec eux. On prenait le temps de vraiment savourer.

On était toujours à Marcoussis, mais c'était un instant hors du temps. Sans entraînement à 9 heures du matin, sans croiser des dizaines de personnes dans le CNR… Ce jour de repos, c'était détente et relaxation.

Enfin champion !

Après notre élimination dès les barrages face à Castres pour clore la saison 2017-2018, je reviens avec d'autres intentions, et Toulouse est premier tout le temps. On vit toute la saison de façon euphorique. On ne perd que trois matchs en Top 14. Ça se passe bien, donc, et nous voilà en finale contre Clermont. Finale pendant laquelle je marque deux essais. Impensable quelques heures plus tôt…

J'attends ce match avec impatience, mais j'ai tellement mal à mon talon d'Achille… En fait, c'est le cas depuis la tournée de l'équipe de France en Afrique du Sud, en juin 2017. Ça fait presque deux ans que j'essaie d'atténuer cette douleur. Parfois, elle part, mais elle revient toujours. Et là, je me dis : « Comment je vais pouvoir jouer cette finale ? » Mais je ne peux pas passer à côté. Au pire, je fais l'échauffement, et si ça ne va pas, je m'arrête…

Le matin de la finale, je ne peux pas marcher. On est arrivés dès le jeudi à notre hôtel en région parisienne et j'ai pourtant passé les quarante-huit dernières heures à en faire le moins possible. Les jambes en l'air pendant les deux jours, je sors uniquement de ma chambre pour aller faire mes soins. Je reviens, je fais un peu de piscine. Je suis focalisé sur mon objectif : participer à tout prix à cette finale. Mais quarante-huit heures avant, je suis pourtant sûr que je ne peux pas jouer. Et miracle, j'y parviens.

Au-delà de mes deux essais, je retiens la concurrence qu'il y a en face : un Raka qui marche sur tout le monde cette saison-là. Je demande donc à Thomas Ramos et Romain Ntamack de ne taper que des chandelles sur lui. Parce que je sais que, dans ce domaine-là, je suis meilleur que lui. Première action, pénalité à dix mètres des poteaux sur les vingt-deux. Je demande à Thomas de me faire une transversale. Et on est à deux doigts de marquer. Je sais qu'à ce moment-là j'ai déjà pris l'ascendant psychologique sur Raka.

C'est important car il sait d'entrée que le danger peut venir de partout. Que même s'il y a une pénalité à l'opposé, je peux demander le ballon. Qu'il va donc falloir qu'il soit en éveil face à moi pendant quatre-vingts minutes. Ce sont des petits gestes comme ça, d'entrée de match, qui font que tu prends petit à petit l'ascendant sur ton adversaire. Ces deux, trois chandelles que j'ai pu récupérer sur lui. Au-delà de mes deux essais, j'ai réussi à être attractif lors de cette finale.

Puis il y a ce moment incroyable où je soulève enfin le bouclier de Brennus. Tout le monde t'en a parlé, de cet instant-là. Quand tu rentres dans le Stade de France, tu le repères tout de suite. Tout est incroyable ce jour-là. Le président de la République qui te parle avant la finale, la montée des marches à la fin. Cette sensation… Tu es heureux ou malheureux, et dans ce dernier cas, c'est terrible.

Car celui qui a perdu est obligé de rester là, de regarder le vainqueur monter les marches. Ça, tu te le dis avant. Que jamais tu ne veux vivre ça, voir ça.

Et puis ça y est, tu as enfin gagné. Tu termines en beauté cette saison. Toutes les planètes sont alignées ce soir-là. Bigflo et Oli font le concert d'après-match, eux qui ont écrit une chanson sur nous avant cette finale. Ils y parlent de moi : « Fais la coupe à la Huget ! Hey ! Laisse la barbe à la Huget ! Hey ! Cheveux plaqués en arrière… Fais la coupe à la Huget ! » C'était le tube de l'été, mes filles n'arrêtaient pas de me chanter ce passage. Ça les faisait bien rire. Et moi aussi. On se fréquente régulièrement, avec Bigflo et Oli. Ils suivent l'équipe. Et quand ils font des événements, ils nous invitent toujours. Ils sont très accessibles, très agréables, ces garçons. Bon, dès la reprise, en août, Ugo nous dit qu'il faut changer de musique. Et repartir au travail…

Le tour d'honneur, c'est un moment particulier. Les gens, tu ne les vois pas vraiment. Tu es dans un état second. Tu penses déjà au lendemain à Toulouse. À toutes ces personnes que tu vas rassembler autour de toi pour une célébration unique. Tu vois l'euphorie dans les tribunes et tu penses déjà à tout ça. Au lendemain. Tu es impatient. À ce moment-là, je n'ai qu'une seule envie : prendre l'avion tout de suite et aller partager ce titre avec tous les supporters qui n'ont pas pu venir.

Mais avant cela, il y a une très belle soirée. Uniquement avec des proches. On n'est qu'entre nous jusqu'au petit matin. Didier Lacroix a privatisé un bar. C'est dingue. Bigflo et Oli sont venus faire la fête avec nous. Ils étaient déjà dans les vestiaires, où la communion avait été extraordinaire. On a juste le temps de se changer le matin pour aller prendre l'avion.

C'est plus que de la joie. La saison est finie. Et je vais voir la place du Capitole pleine, je vais enfin vivre ce qui m'anime depuis que je suis petit, que je voyais à la télé. Ce pourquoi je suis revenu au Stade Toulousain. Je vais enfin savoir ce que ça donne en vrai. Je me sens comme un gamin qui va pour la première fois à Disneyland ! Je suis dans la célébration. Retrouver mes proches et le savourer avec eux. Je suis content, mais ce n'est pas encore la folie pure.

Moi, je veux surtout revivre ce que j'avais connu étant jeune : le retour place du Capitole. Un moment qui sera encore plus inoubliable. Souvent, nos supporters avaient le ventre plein parce que le Stade Toulousain gagnait un titre tous les ans ou tous les deux ans. Ils ne se rendaient plus compte combien c'était difficile d'aller chercher quelque chose. Mais là, ça fait sept ans qu'ils n'ont rien eu à célébrer et l'attente se faisait de plus en plus grande.

La place du Capitole est donc remplie à ras bord et on a pu fêter ça avec nos supporters. Parce que, oui, on gagne des titres pour nous, pour notre palmarès. Mais aussi pour les partager avec nos proches et nos supporters. C'est même ça le plus important. Quand on arrive, on sent le soulagement, l'engouement. La communion est totale. On peut regarder ailleurs, ce n'est jamais fêté comme à Toulouse. On prend cette bouffée d'oxygène. On sait que la saison est finie et qu'on a rempli notre mission.

Je suis donc enfin champion de France. Et ma première pensée, ma première sensation, c'est que c'est fatigant. C'est fatigant avant, pendant, et surtout après. Les célébrations, en particulier, n'en finissent jamais. On avait un groupe qui aimait bien fêter les titres. Ça continue donc le soir. Puis il y a toujours de nouvelles festivités, de nouvelles invitations. Le groupe WhatsApp n'arrête pas de sonner. Tu dors, tu te réveilles, des mecs sont toujours en train de fêter le titre quelque part. Tu as l'impression de faire les trois-huit. Tu restes jusqu'au bout parce que tu crains de rater un moment inoubliable, un petit coup de folie.

Trois jours après, je reçois encore des messages : « On va là pour fêter le titre. » Le quatrième jour, on est censés prendre le bus pour aller faire la fête à Leucate. Je vois les mecs et je me dis : « Mais comment ils font ? » Dans ma tête, les deux jours de célébrations après la finale, c'était déjà long et fastidieux. Mais là, quatre jours après, je n'en peux plus. Je suis allé au bout du bout, physiquement et diététiquement. Au fur et à mesure de la semaine, il ne reste plus que les vrais, les vaillants. Moi je n'ai tenu que trois jours. Impossible d'aller à Leucate avec les gars le mercredi. Départ à 8 heures ! Je ne me vois pas faire une heure et demie de route en bus. Je suis éclaté. Je suis mort…

Les soirées interminables, l'alcool, ça n'a jamais été mon truc. Parce que tu mets tellement d'heures, tellement de jours à t'en remettre. Chaque fois, je me disais que j'aurais le temps de faire la bringue plus tard, après ma carrière. Moi, quand je terminais un match, j'étais déjà dans l'après, dans la récupération. Même après cette finale, parce que la Coupe du monde approche.

On n'a que quinze jours avant de partir pour la préparation avec le XV de France. Et je ne pense qu'à mon tendon d'Achille. J'essaie de réfléchir à un plan pour pouvoir disputer cette Coupe du monde qui, j'en suis conscient, est très mal embarquée pour moi vu combien je souffre. J'ai vraiment très, très mal.

Les troisièmes mi-temps existent toujours. Il y en a encore. Mais celles des années quatre-vingt-dix et celles d'aujourd'hui n'ont plus grand-chose à voir. Avec la répétition des rencontres, leur intensité, le professionnalisme, tu es obligé de te cadrer un peu plus. Et c'est moins partagé avec les supporters qu'à l'époque. Même si je trouve qu'on revient un peu à cet esprit. Par exemple, avec les bodegas qui fleurissent dans les stades pour partager une bière avec les supporters après nos matchs. Ce sont des moments conviviaux, de proximité. Des moments obligés car le rugby est un sport de combat. Il y a eu quelques belles troisièmes mi-temps en équipe de France aussi…

Je ne suis pas un grand fêtard. Je ne m'octroyais donc que deux, voire trois, sorties par saison. C'est arrivé que ça tombe en fin de Tournoi des Six Nations, pour relâcher la pression. Je me souviens d'une, en mars 2017, à Rome, après la première sélection d'Antoine Dupont. On se retrouve tôt le matin tous les deux dans la chambre, et on est tous les deux massacrés. Il a dû suivre la tradition pour fêter sa première sélection et a bien été obligé de boire quelques verres… Je ne sais plus pourquoi, j'ai décidé de le suivre, de l'imiter. On est bien mûrs… Au réveil, on est tout juste dans les temps pour le rendez-vous à l'hôtel. Et là, avec la gueule de bois, il me sort avec un aplomb incroyable : « Yoann, tu me portes ma valise, s'il te plaît ? » J'ai failli la lui prendre… J'ai quand même mis un peu de temps avant de réagir tellement il m'avait soufflé. Évidemment, je l'ai aussitôt traité de tous les noms.

La célébrité ouvre des portes

La célébrité, ce n'est pas pesant. Une seule chose m'a dérangé pendant ma carrière : quand on me demandait de poser mes enfants pour prendre les enfants des autres dans mes bras et faire des photos. Ça me pesait vraiment. Mais à part ça, j'ai tout adoré. Tout était top. Il faut juste s'adapter de temps en temps.

Quand, parfois, tu as envie de boire un verre et de fumer une cigarette parce que ça te fait du bien, il faut que tu réfléchisses au moment, au lieu, avec qui le faire. Tout se prépare. Mais bon, durant toute ma carrière, je suis très peu sorti. Deux fois par saison. Une fois en octobre et une fois en fin de saison. Parfois, une troisième à la fin du Tournoi.

Tout était cadré chez moi. Je ne pouvais pas me permettre de folies. Je n'étais pas très talentueux. C'est le travail qui m'a permis d'arriver à ce niveau. Les mecs avec qui j'étais en concurrence, même s'ils étaient meilleurs que moi, même s'ils avaient plus de talent, je savais pertinemment qu'avec le travail j'allais finir par les manger. Ça allait peut-être me prendre un mois, deux mois, six mois, mais à la fin, avec le boulot fourni, j'allais prendre le dessus.

Le meilleur exemple, c'est la Coupe du monde 2019. Clairement, je ne dois pas la faire. Avec Guy Novès, je ne joue pas trop parce que je suis blessé. Jacques Brunel arrive et lance une nouvelle génération. À l'aile, Raka explose, Damian Penaud aussi. Il n'y a aucune raison que je parte au Japon. Mais avec le travail et l'abnégation, tu peux accomplir beaucoup de choses…

La célébrité ouvre quand même des portes. J'ai ainsi été contacté par une agence de presse pour figurer dans un clip de Bono contre la faim dans le monde. Ça m'a marqué, ça a marqué les esprits. Ce sont des opportunités qu'il faut saisir. Le rugby ouvre des portes, t'offre des rencontres que tu n'imaginais même pas. J'ai passé un bon moment, même si je n'ai malheureusement pas eu la chance de croiser Bono…

Il y a aussi des choses plus anecdotiques avec la célébrité, mais amusantes. En novembre 2014, le Stade Toulousain avait sorti ses Poupluches, des peluches à l'effigie de joueurs. On était quatre à être représentés : Max Médard, Thierry Dusautoir, Gaël Fickou et moi. Ça rendait plutôt bien et ça a bien marché localement. Plein de monde me demandait à la fin des matchs de signer ma peluche. C'était décalé et sympa.

J'en ai gardé une pour mes filles. Je croyais que ce serait important pour elles. Elles en ont rigolé cinq minutes avant de s'en ficher royalement. Et j'ai compris que, comme les choses que tu gardes précieusement dans des cartons en pensant que ça a une valeur sentimentale, avec le recul, ce n'est effectivement pas important.

En revanche, je n'avais pas anticipé que TF1 avait une telle capacité à démultiplier ta célébrité. Tout le monde regarde la une. La chance que j'ai eue, c'est qu'on avait auparavant très peu parlé des joueurs de l'équipe de France de façon un peu plus intime, de leur personnalité. Mes chroniques « Huget à domicile » ont permis cela.

Très rapidement, pendant la Coupe du monde, les gens ont commencé à me reconnaître dans la rue, à Paris. Ou quand j'emmenais mes filles à l'école. Ce qui était nouveau aussi, c'est que mes filles me demandaient des autographes pour leurs copines et leurs copains. Ma grande fille ne m'avait jamais demandé cela avant. Je ne suis pas devenu une star, mais j'ai ressenti le poids de la télévision. Quand j'étais joueur, jamais un camarade de classe ne leur avait demandé un autographe. La différence, sans doute aussi, c'est que je n'étais plus en maillot-crampons. Pour les téléspectateurs, j'étais devenu un présentateur de TF1.

Si je n'avais pas voulu être confronté à la célébrité, je serais resté dans mon petit club, à Pamiers. À partir du moment où tu veux jouer en Top 14, au Stade Toulousain, en équipe de France, tu sais que tu vas être régulièrement reconnu par des gens. Ça va avec, il faut l'accepter. C'est sûr que j'aurais aimé pouvoir sortir avec des amis sans qu'ils subissent ces aléas de la célébrité. Après certaines défaites, tu ne pouvais pas sortir en ville pour éviter les reproches, les critiques de certaines personnes. Mais dans l'ensemble, ça ne m'a pas dérangé plus que ça.

Au Stade Toulousain, lors de ma dernière saison, celle où je me blesse, un documentaire qui deviendra un film,

Le Stade, est tourné. On est filmés au quotidien. On nous avait expliqué le projet et nous l'avions trouvé intéressant. Cela fait partie de la culture du club d'ouvrir tous les champs du possible. Même si ce n'est pas forcément celle du rugby…

Au fur et à mesure, le réalisateur est devenu un membre de l'équipe. Il était tout le temps là, avec sa caméra, dans tous les moments intimes, les causeries, les vestiaires. Mais on a fait confiance au club et au coach pour trier un peu. Si certaines séquences étaient sorties, on se serait fait tuer… Attention, on ne balançait pas sur les autres clubs. On est respectueux. Mais parfois, on se remontait en disant que les adversaires ne nous craignaient plus, qu'ils venaient chercher des points chez nous. Et cela, on le prenait, nous, comme un manque de respect.

On faisait également confiance au caméraman. On n'a eu aucun souci avec lui. Il faisait partie de notre équipe. On le branchait comme les autres, il prenait des coups comme tout le monde. Il s'était mis à l'ambiance rugby parce qu'il n'avait pas le choix. Tu lui disais bonjour en filant une « nuquette ». Je m'aperçois, depuis que j'ai arrêté, que c'est fou de faire ça, de taper, même amicalement, tout le monde. C'est un vidéaste, il vient et il prend des baffes pour rigoler, il se fait brancher, on l'insulte même gentiment…

Le résultat, en noir et blanc, nous a tous surpris. Mais finalement, ça change. Et c'est désormais un film culte pour nous. Qui nous rappelle surtout que, cette saison-là, on a joué dans des stades vides. C'était fatal, ça. Je me souviens de la finale dans un Stade de France à moitié vide. Ça sonnait creux…

Quelle opportunité d'avoir sa chronique sur TF1 !

Les médias, je voulais essayer, pour voir ce que ça donne. Mais je voulais attendre un peu, prendre le temps pour ne pas enchaîner tout de suite à la fin de ma carrière, car quand on arrête, on est encore trop proches de certains mecs. Bizarrement, deux ans après, on commence à connaître personnellement un peu moins de joueurs. Tu peux avoir un point de vue plus neutre. Comme j'avais envie de prendre part à cette Coupe du monde en France, j'ai saisi l'opportunité offerte par TF1. Et quelle opportunité ! Avoir sa chronique… J'ai donc eu la chance de vivre ma quatrième Coupe du monde, derrière l'écran, grâce à « Huget à domicile ».

Je pensais connaître les joueurs pour avoir évolué avec eux, mais quand tu les rencontres dans leur quotidien, tu découvres un autre personnage, parfois un peu plus timide, parfois un peu plus à l'aise parce qu'il est dans son environnement. Avec, toujours, ce rapport de joueur à joueur, donc avec beaucoup de respect. Je pensais que ça allait être facile de les interviewer. Que je n'aurais qu'à les appeler pour aller les voir chez eux. J'ai découvert qu'en fait il fallait s'accorder avec leur emploi du temps, leurs obligations, leurs agents qui prennent beaucoup de place et veulent tout contrôler. C'était étrange, de voir l'autre côté. J'ai beau m'appeler Yoann Huget, ça n'a pas été simple. De ma liste initiale de douze joueurs, il n'y en a qu'un seul que je n'ai pas réussi à interviewer. Il a annulé trois fois. Au bout d'un moment, je lui ai dit qu'il ne pouvait pas se trouver une excuse bidon à chaque veille de tournage. Et j'ai décidé d'annuler. Mais au moins, en rugby, ça reste encore possible. TF1 a voulu lancer le même format avec Adil Rami pour l'Euro de football, et il n'a pas réussi à avoir un seul joueur !

Quand je fais les choses, je ne reste pas les bras croisés. Je n'avais aucune envie de juste venir m'asseoir sur le plateau, parler et repartir. Ce que je voulais, c'était participer à ma manière, créer, être proactif. Sinon, je ne prends pas de plaisir. C'est pour cette raison que j'ai proposé à TF1 ce concept d'entretiens à domicile. Qui s'est avéré très sympa. Je suis allé chez douze joueurs – Antoine Dupont, Julien Marchand, Romain Ntamack, Grégory Alldritt, Gaël Fickou, Damian Penaud, Thomas Ramos, Uini Atonio, Cyril Baille, Thibaud Flament, Charles Ollivon et Jonathan Danty – pour les interroger, les piquer, les brancher, toucher leur corde sensible. C'est un exercice qui m'a passionné. On se déplaçait à cinq, avec l'équipe technique. J'ai eu de très belles surprises, de très bons moments. C'était une superbe expérience. Je me suis bien amusé à le faire.

Je me souviens de ma visite à Clermont chez ce zigoto de Damian Penaud. Complètement fou, le gars… Avec Damian, au bout de cinq minutes, on savait déjà qu'on tenait quelque chose. Je savais qu'il allait chanter. J'avais demandé à Thomas Ramos un petit coup de main, de lui lancer ce défi. Comme c'est un mec de défi, je savais qu'il allait le relever. Mais il aussi a été très touchant, en nous montrant les maillots de son père, en nous parlant de la relation qui les unit tous les deux. Il nous a également confié sans crainte son besoin de s'isoler en dehors du rugby dans un monde virtuel, avec ses deux ordinateurs pour jouer plusieurs parties en même temps. C'est sa façon de se fabriquer une bulle où personne ne vient l'emmerder. Il a besoin de ce moment-là, anonyme et solitaire.

Celle qui nous a permis de montrer une autre facette d'Antoine Dupont est également un grand souvenir. On le voit dans un tout autre contexte, jouer au baby-foot, par exemple. Il faut savoir qu'il nous a laissé les clés de chez lui quand on est arrivés, avec l'équipe de TF1, car il avait un autre rendez-vous à honorer. On s'installe donc chez lui, et les techniciens n'en reviennent pas. C'est ce qu'on a essayé de transmettre, avec Antoine, cette relation assez forte que nous avons tous les deux. C'est mon petit… Quand on rentre dans son cercle, c'est une personne très attachante, très sensible et très rigolote. Même s'il a toujours cette petite touche pour remettre les gens à leur place. Donc, personne n'ose trop lui rentrer dedans.

Plus généralement, les mecs se confiaient vraiment. Les téléspectateurs ont pu découvrir un Uini Atonio qu'ils ne connaissaient pas. Sensible et marrant. Les gens le croyaient introverti parce que c'est un gros nounours de cent quarante kilos. Alors qu'il est l'incarnation de la joie de vivre, qu'il apporte beaucoup au groupe de ce côté-là. Ou encore un Gaël Fickou acceptant de jouer du piano devant la caméra ou nous racontant sa passion pour l'art, avant de parler avec émotion de sa mère.

Sur le plateau, lors des émissions autour des matchs de Coupe du monde, l'ambiance était vraiment amicale. Avec Marjorie Mayans, Fred Michalak et Yannick Nyanga, on était dans le partage, plus à destination du grand public que des connaisseurs, ainsi que nous l'avait demandé la direction de TF1. J'ai pris beaucoup de plaisir, avec mon expérience, à raconter comment cela se passe pendant une telle compétition. Mon aventure avec TF1 n'est peut-être pas terminée. Nous sommes en pourparlers pour un autre projet, plutôt dans le divertissement.

Je collabore également avec Sud Radio, et j'adore ça. C'est toujours un moment lors duquel je peux parler de tout. La télévision, avec les caméras, c'est différent. C'est plus intimidant. La radio, on met le casque, et c'est comme si on était entre nous. Sans personne qui nous observe. On parvient donc à plus se lâcher, à exposer vraiment notre point de vue. On peut dire ce que l'on pense sur tous les sujets. C'est un parfait entraînement pour la télé. J'apprécie cet exercice, c'est pour cela que je continue. Et en plus, il y a une bonne petite équipe. Je me frotte même désormais à commenter en direct quelques matchs. La radio est un très bel exercice. Il n'y a pas grand monde en face de toi, tu as juste l'impression d'être assis à une table ronde. C'est une très bonne école pour la suite. Je trouve que c'est plus difficile que la télévision.

World Rugby a jeté les arbitres au feu

La Coupe du monde 2023 en France a été une réussite. L'organisation était au point, l'ambiance incroyable. Il n'y a eu aucun débordement malgré une situation géopolitique et sociale tendue. Il n'y a finalement pas eu de manifestations ni de grèves. La sécurité a répondu présent face aux risques d'attentat, et finalement, il y a eu un véritable partage entre les supporters. Voir les Irlandais, les Français, les Anglais faire la fête ensemble, c'était beau.

Je suis allé plusieurs fois à Marseille, qui n'est pourtant pas une ville de rugby. J'y ai vu les gens vibrer avec les supporters anglais et argentins. C'était dingue. À Lyon, à Bordeaux, à Toulouse, les stades étaient pleins quelles que soient les équipes. Le Portugal a été soutenu comme jamais. J'ai adoré ces moments de communion. Et je pense que les commerçants ont eu des raisons d'être contents…

Côté sportif, le Portugal a été mon coup de cœur. Pour son jeu, son envie, sa résilience dans l'effort. C'était fantastique de voir le Stadium de Toulouse acquis à sa cause et le soutenir. Les Fidjiens aussi m'ont plu. Dans leur style. Capables de tout. Du meilleur comme du pire. Et j'ai bien cru qu'ils allaient se qualifier pour les demi-finales…

Plus généralement, je me suis régalé avec le jeu produit. Chaque équipe avait ses particularités. Mais je dois avouer que lors d'Angleterre-Argentine, à Marseille, je me suis endormi dans le stade en seconde mi-temps. C'était la première fois que ça m'arrivait ! J'ai fermé les yeux et je me suis réveillé cinq minutes plus tard. Sur la pelouse, il ne se passait rien. Je me souviens d'avoir pensé : « Ce n'est pas possible, on n'est pas à une Coupe du monde, là… » Mais les Anglais ont fait avec les moyens du bord, avec leurs capacités du moment. Il faut se souvenir que, lors du Tournoi des Six Nations, ils avaient pris, chez eux, à Twickenham, cinquante-trois points contre les Bleus. Une défaite record !

Je veux bien qu'on les critique. Mais ils terminent troisièmes de la Coupe du monde. Quand Steve Borthwick a repris l'équipe d'Angleterre, il s'est dit : « Comment on fait pour aller du point A au point B ? Tout simplement. On y va tout droit, avec du jeu au pied, une grosse défense, une énorme troisième ligne. » Et il a fait confiance à des joueurs cadres comme Owen Farrell, Courtney Lawes, Maro Itoje, Joe Marler, Jamie George… Ils ont fait une Coupe du monde incroyable.

Quand on a vu à quel niveau ces anciens évoluaient – comme le phénix renaissant de ses cendres –, on a vite compris que ce ne serait pas marrant pour leurs adversaires. Mais c'est logique. Leur parcours confirme ce que j'ai toujours pensé : quand ça pique, quand il y a des matchs sous haute pression, il te faut de l'expérience. Parce que, quand tu es expérimenté, tu sais anticiper. Le sport de haut niveau, ce n'est pas toujours le meilleur qui prend le dessus. Avec l'expérience, tu compenses.

En prenant de l'âge, il te manque peut-être un peu de vitesse, un peu de puissance, mais le joueur expérimenté parvient à rééquilibrer tout cela. Le jeune joueur, lui, sait qu'il va très vite, qu'il est très fort. Mais s'il est coincé sur ces deux paramètres, il n'a plus d'autres ressources pour s'en sortir. Sur des matchs qui comptent, il vaut toujours mieux prendre un joueur expérimenté. La preuve avec Owen Farrell et George Ford pour l'Angleterre. Ou Beauden Barrett et Damian McKenzie pour la Nouvelle-Zélande. McKenzie réussit des choses incroyables. Mais Barrett est décisif. Ça peut être cruel, mais c'est comme ça.

L'exemple absolu, c'est l'Afrique du Sud. L'ossature est la même depuis 2015. Cette année-là, ils sont éliminés par les All Blacks en demi-finale. Quatre ans plus tard, ils sont champions du monde. Et huit ans plus tard, ils le sont à nouveau. Pourtant, tu connais leur jeu par cœur. Ils ont une identité. Il n'y a aucune surprise, aucun secret. Tu sais qu'ils vont te cogner, te taper dessus pendant quatre-vingts minutes. Tu sais très bien comment ça va se passer. Et comment ça va finir. Tu vas te faire arroser, avoir les épaules en feu. Tu sais qu'en bas, au sol, quand tu vas mettre juste un orteil, eux ils vont être à trois, la bave aux lèvres. En fin de compte, c'est la Coupe du monde de l'expérience.

Ce qui a gâché cette Coupe du monde, c'est l'incompréhension dans la relation avec les arbitres. Ils n'étaient pas devenus nuls du jour au lendemain. Mais, comme le rugby en a l'habitude, on leur a mis de nouvelles règles juste avant la compétition. Elles étaient censées leur simplifier la tâche. Dans les faits, elles les ont enterrés. Je le répète : les arbitres n'étaient pas mauvais. Les pauvres ont simplement été dépassés.

En leur demandant de ne pas faire appel à la vidéo mais d'attendre que les arbitres-vidéo les interpellent, ça les a foutus dedans. Celui qui était dans sa camionnette, il était tranquille. On ne le voyait pas. Mais celui qui était sur le rectangle vert, lui, il s'est fait fusiller ! Alors qu'il respectait simplement les consignes données avant la Coupe du monde de faire le moins appel possible à la vidéo.

C'est le gros point noir. Pas les arbitres, mais l'arbitrage. World Rugby les a jetés au feu. L'instauration du bunker les a mis en porte-à-faux. Même quand ils pensaient que le geste, la situation, valait rouge, ils ne mettaient que jaune en laissant à un autre la décision, ou non, de tuer le match. Le principe était donc de ne plus perdre de temps avec la vidéo, de ne plus checker toutes les actions et de laisser décider l'arbitre-vidéo. C'est une aberration.

Les supporters étaient en colère parce qu'ils ne comprenaient pas pourquoi les arbitres sur le terrain n'avaient pas eu plus souvent recours à la vidéo. Mais ils n'y étaient pour rien. Ils avaient des consignes pour beaucoup moins le faire. C'est terrible. Au lieu de les aider, on les a mis en première ligne. Sans la moindre communication. Pourquoi le patron des arbitres, Joël Jutge, n'a jamais pris la parole pour expliquer au public cette nouvelle donne ?

C'est un microcosme où les Français ne sont pas invités. Dans ce système anglo-saxon, la France n'est pas conviée à la grande table. Au cours de ma carrière internationale, je l'ai senti. Quand je jouais avec le Stade Toulousain, les décisions litigieuses étaient la plupart du temps en notre faveur. Cela s'explique également par le fait que nous étions souvent l'équipe qui produisait le plus de jeu, qui montrait à l'arbitre son allant. Ce n'était pas le cas de l'équipe de France pendant la période où j'y ai joué. Quand on gagnait, c'était à l'arraché. Comme on ne montrait pas à l'arbitre qu'on était dominateurs, les décisions étaient souvent contre nous.

C'est français, de tout remettre en cause au premier échec

Je suis déçu pour l'équipe de France. Pour avoir fait mes chroniques avec certains joueurs, je peux dire qu'il n'y en a pas un qui doutait de leur capacité à être champions du monde. Quand tu as cet objectif suprême et que tu t'arrêtes dès le premier match éliminatoire, le traumatisme psychologique est énorme. Mais c'était le premier match à élimination directe pour ce groupe. Ils vont garder cette grosse boule en travers de la gorge pendant quatre ans, on va leur en reparler encore et encore. Et en 2027, lors de la prochaine Coupe du monde, ils vont se servir de toute cette frustration.

Le débat sur le changement de stratégie du XV de France, sur le plus de possession, en revanche, je ne le comprends pas. L'Afrique du Sud ne voulait pas le ballon en quart de finale. Donc, on faisait quoi ? On le posait au milieu et on attendait ? Comme au jeu de la salade ? Les Bleus étaient obligés de jouer. Et ils ont dominé. Le seul problème, c'est qu'il te fallait de véritables tauliers. Des mecs qui s'imposent dans tous les secteurs. C'est la première fois en quatre ans que j'ai vu l'équipe de France prendre des essais aussi facilement. Par exemple, et ce n'est pas méchant envers Louis Bielle-Biarrey, qui fait une bonne Coupe du monde, mais face à l'Afrique du Sud, j'aurais mis Gabin Villière à l'aile. Au nom de l'expérience.

Concernant Fabien Galthié, on ne peut pas lui enlever ce qu'il a réussi pendant quatre ans. On ne peut pas réduire son mandat à ce quart de finale perdu. Il est à sa place. Il doit continuer avec cette génération, ces joueurs qu'il a choisis. En renouvelant une partie de son staff, il fait passer un message différent. Je ne pense pas qu'il fallait tout changer. C'est français, ça, de tout remettre en cause au premier échec.

L'un de mes grands regrets de cette Coupe du monde, cependant, c'est d'en être sorti sans que le grand public connaisse plus un joueur qu'un autre. Oui, on a beaucoup parlé d'Antoine Dupont. Comme d'habitude. Mais les autres ? À peine. Un peu, peut-être, du jeune Louis Bielle-Biarrey. En termes de communication, je trouve ça dommage de ne pas s'être servi de cette compétition comme d'une rampe de lancement pour le rugby français, pour l'équipe de France. On en sort pleins de frustration et sans avoir découvert, mieux connu, un seul joueur en plus. C'est pour moi le point noir de cette Coupe du monde à domicile.

Le défi du 7 a aidé Antoine Dupont à repartir

Je connais bien Antoine Dupont. Il a tout essayé pour concilier les deux, le XV de France et l'équipe de France à 7. Mais ça lui demandait trop d'efforts. Ça mettait son intégrité physique en péril. Cette décision de privilégier le 7 au Tournoi des Six Nations 2024, c'était voir plus loin. On comprend l'enjeu de l'image pour le rugby, de l'image pour les Jeux olympiques. Le plus important, c'est ce qu'il apporte à notre sport. Ce n'est pas parce qu'il ne joue pas cinq matchs du Tournoi que ça va changer grand-chose.

Antoine a été très, très touché par l'élimination en quart de finale de la Coupe du monde face à l'Afrique du Sud. Mentalement, il devait repartir. Ce nouveau défi l'a aidé en ce sens. Ça l'a régénéré. Il a dû travailler dur pour briller à 7, il a consenti de nouveaux efforts qu'il n'avait pas encore demandés à son corps. Mais la charge de travail avec le Stade Toulousain avait diminué en compensation. On ne pouvait pas lui demander de cumuler le XV et le 7.

Un bon joueur à XV est capable de tenir la préparation du 7. La principale nouveauté, la principale adaptation, est ailleurs : dans le format des tournois. Notre cerveau, à XV, est formaté toute la semaine pour jouer quatre-vingts minutes. Il le sait, et quand le match est terminé, c'est fini. À 7, tu gagnes un match et il faut aussitôt que tu penses à récupérer car tu vas en jouer un autre quelques heures plus tard. C'est à cet enchaînement d'efforts auquel notre corps, préparé au XV, n'est pas habitué. Tout couper, te reposer, et ensuite t'échauffer à nouveau pour repartir. Et le lendemain, pareil. Comme tu n'y es pas habitué, tu es vraiment éclaté.

En 2016, « Soso » Guitoune avait beaucoup souffert après les Jeux olympiques à Rio. Les adducteurs, les ischios, tout sifflait, tout tirait. Les efforts très violents avaient fragilisé ses muscles. Pour être performant à 7, je pense qu'il faut passer deux années sur le circuit en ne faisant que ça. Sans jouer à XV en parallèle. Mais Antoine est hors norme. Il a appris à gérer ça aussi.

L'engouement pour le tournoi olympique de rugby à 7 et pour Antoine Dupont a été exceptionnel. Antoine a cette faculté à nous dire que tout est facile. Quand tu le vois enchaîner le XV et le 7 avec cette aisance, tu penses que tout le monde en est capable. Alors que ce sont deux sports diamétralement opposés. Il transforme l'impossible en possible. Il a un moteur V12. On a l'impression qu'il joue dans *Fast & Furious* ! Il appuie sur le bouton, et personne ne peut plus l'arrêter. Tout ce qu'il fait sur son premier ballon, quand il rentre en finale contre les Fidjiens, montre toute l'étendue de sa panoplie.

Le rugby français n'a jamais eu une telle tête d'affiche. Dupont est d'ores et déjà au-dessus de Rives, Blanco, Michalak ou Chabal. Le seul auquel on peut le comparer, c'est Zidane. Est-ce que c'est déjà le meilleur joueur de l'histoire ? Pour cela, il faut gagner une Coupe du monde. S'il coche cette case en 2027, entouré de cette très belle génération, le débat sera définitivement tranché.

Il n'a pas fini de nous surprendre. Il est capable de jouer presque à tous les postes derrière, et comme c'est un garçon qui a besoin d'être nourri, il va vouloir le prouver. Il a besoin de défis permanents, sinon il s'ennuie vite.

Pour l'image du rugby, c'est terrible

Les affaires qui ont touché l'équipe de France en Argentine à l'été 2024, c'est terrible pour l'image du rugby. À mon époque, nous avions été mis en garde personnellement. Quand nous étions à l'étranger, la consigne était d'en faire le minimum. Boire un verre ou deux puis rentrer à l'hôtel. On nous demandait de ne pas faire de vagues car on n'était pas chez nous.

Lors de la Coupe du monde 2019 au Japon, nous, les cadres de l'équipe de France, avions imposé un système encore plus strict. Nous ne voulions pas de scandale dans notre hôtel, qui est également notre lieu de travail, notre lieu de vie. Si un joueur célibataire faisait une rencontre féminine, il avait interdiction de venir avec elle dans notre hôtel.

Il y a des choses à revoir dans le système actuel. J'entends le débat sur ce qu'il s'est passé en Argentine. Est-ce la responsabilité individuelle des joueurs ou celle de l'encadrement ? Pour moi, ça va de pair. À l'étranger, il faut mettre en place le même système que chez les All Blacks : un « vigile » suit les joueurs en permanence. Non pour nous protéger, on sait se défendre, mais pour s'assurer que tout le monde rentre ensemble au même moment. Une fois à l'hôtel, si un joueur prend la décision de ressortir, c'est alors de sa responsabilité personnelle. Mais il est de celle de la Fédération, de ses représentants sur place, que tout le monde rentre à l'hôtel à une heure déterminée à l'avance. Il faut un cadre.

Il y a également ces révélations sur l'usage de plus en plus fréquent de la cocaïne, notamment lors des troisièmes mi-temps. Aujourd'hui, l'addiction s'immisce partout dans la société. Elle touche donc également le rugby. Notre sport a longtemps été préservé. Quand je jouais, je n'en ai jamais entendu parler. Mais l'usage récréatif de la cocaïne est devenu un phénomène sociétal. Et il déborde sur le rugby. Il faut une remise en question, et elle doit commencer dès les centres de formation. Avertir des risques sur la santé, sur la dépendance, sur l'ampleur des dommages.

Les valeurs, ce n'est pas seulement une image. Le rugby véhicule des valeurs d'éducation, de respect, d'entraide. On nous les inculque dès l'école de rugby, elles font partie de l'ADN de notre sport. Ce n'est pas usurpé, et elles sont toujours présentes. Cela dit, il y a, et il y aura toujours, des exceptions. Nous sommes des êtres humains. Il peut arriver que certains mettent le pied de l'autre côté de la ligne…

Je suis retourné à l'école

Je m'imagine mal quitter totalement le milieu du rugby. Devenir entraîneur, ce n'est pas d'actualité, mais à l'avenir… Il ne faut jamais dire jamais. Mais là, j'avais besoin de sortir un peu de ce milieu. Pour me retrouver, déjà. Ma carte d'identité de joueur a été effacée. Je voulais donc voir ce qu'il se passe ailleurs. Je devais m'occuper de ma vie personnelle, aussi. Je dois tout remettre dans l'ordre avant de revenir dans le rugby.

Je me réfère souvent à mon passage en Pro D2. Je savais que je devais achever de me former pour revenir plus fort en Top 14. Dans la même logique, je suis donc reparti à l'école pour suivre un Master en droit économique et sportif à l'université de Limoges. Comme Zidane. Ça m'ouvre la palette de tous les possibles. C'était une expérience de vie de deux ans. Parfois fastidieuse, avec des dossiers à rendre, mais tellement enrichissante. C'est hyper intéressant de rencontrer des sportifs de milieux différents. Dans ma promo, il y avait, entre autres, les footballeurs Yohan Cabaye, Shabani Nonda, Grégory Paisley et Loïc Perrin. Il y avait aussi Julien Pinot, qui entraînait son frère, le coureur cycliste Thibaut Pinot, et des personnalités du rugby : Safi N'Diaye, Olivier Magne, Jeremy Davidson, Fabien Gengenbacher…

On a beaucoup échangé, des amitiés se sont même créées. C'est enrichissant de voir à quel point, avec certains sports, on peut être à l'opposé sur certaines choses. J'ai souvent discuté avec des sportifs qui galèrent dans leur discipline. Tu te rends compte que, dans le rugby, on est de mieux en mieux lotis. Que ce soit sur le plan sportif, médiatique et financier. Notre modèle économique est plutôt stable et durable.

J'ai officiellement décroché mon Master en novembre 2023. Ça fait plaisir quand tu reçois le mail t'annonçant que tu es reçu. Mais, comme avec le rugby, j'ai cassé la ligne : 11 sur 20 de moyenne générale ! Bon, j'ai des circonstances atténuantes. J'ai dû rendre le dernier gros dossier au début de l'été, après avoir enchaîné tous les tournages pour « Huget à domicile ». Et j'ai passé l'oral en pleine Coupe du monde, entre TF1, Sud Radio et mes interventions auprès des entreprises dans les loges des stades, à Marseille, Lille, Nantes… Le diplôme nous a été officiellement remis en janvier.

Je n'ai pas de livre de chevet. Je varie les lectures selon les étapes de ma vie. Pour mon Master, j'ai beaucoup lu sur le management, comment guider une équipe derrière toi. J'ai été marqué par la lecture de *Miracle Morning*, un livre qui m'a donné des clés concernant la rigueur dans le travail. Je lis beaucoup de biographies aussi. Celle de Mike Tyson, qui est incroyable, ou celle d'Adil Rami. J'aime bien les parcours atypiques. C'est toujours inspirant.

Pour quel objectif, ce diplôme ? Entraîneur ? Directeur sportif ? Ce que je sais, c'est que le terrain, pour l'instant, ne m'attire pas. Ce n'est pas ainsi que je vois la suite. C'est trop accaparant, comme métier. Le matin, tu arrives le premier, et le soir, tu pars le dernier. Tu allumes et tu éteins la lumière… Quand je vois les mecs… Ils ne profitent jamais. Allez, deux jours dans l'année pour les entraîneurs qui sont champions. Mais le reste du temps, match gagné ou perdu, il faut tout de suite se projeter sur le suivant. C'est un rythme très difficile. Du stress permanent.

C'est un métier complètement fou, et je ne me sens pas prêt à le vivre de l'intérieur. Directeur sportif d'un club, ça ne me déplairait pas. Mais être sur le terrain, je n'en éprouve pas l'envie pour le moment. Je crois qu'il y a peu, voire pas, de moments où tu prends vraiment du plaisir quand tu es entraîneur. Tu n'as pas de moment de répit. Jamais.

Quand je voyais Ugo Mola. La vache… Une anecdote. On vient de passer une heure en séance vidéo. « C'est bon, les gars, vous avez compris ? Allez, on passe sur le terrain… » Il faut savoir qu'à Toulouse on a trois combinaisons pour la saison, pas vingt. Et là, on arrive en fin de saison, aux phases finales. On doit répéter les combinaisons avec une nouvelle petite variante pour l'une d'entre elles. Premier lancement. Boum, deux mecs se télescopent. « Les gars, ce n'est pas possible ! » Et après, on se plaint que Guy Novès gueulait, on se plaint quand Ugo gueule. Mais quand, après plus d'une heure de vidéo, le temps d'aller sur le terrain, soit vingt mètres, certains ont déjà oublié leurs placements… Sur deux phases de jeu. Sur des combinaisons que tu rabâches toute la saison. C'est pire qu'à l'école. Si j'étais entraîneur, ça me rendrait fou. Aujourd'hui, je n'ai pas la patience pour ça. Mais ça viendra peut-être…

J'ai la chance de jouir encore d'une bonne image de joueur. Ça m'ouvre des portes. Je donne des conférences en entreprises pour essayer de transmettre l'esprit rugby. Je parle de ma carrière, du goût de l'effort, de la résilience et de travailler ensemble. Ce qui me permet de faire des rencontres passionnantes. Des chefs d'entreprise rencontrés au cours de ma carrière m'ont ainsi aidé à appréhender les matchs, m'ont donné des clés pour être plus performant. Pour réussir. Lors de ces conférences, je leur explique ma vision du travail collectif.

Je pars du principe que, pour aller en équipe de France, j'avais besoin de mes coéquipiers à Toulouse. Sans eux, sans nos bons résultats, je n'aurais pas été sélectionné. En entreprise, il y a des objectifs individuels, comme de décrocher une prime. Mais si la boîte ne fonctionne pas correctement, tu ne décrocheras pas cette prime. Donc, tu travailles pour qui ? Pour ta boîte ou pour toi ? Je cherche à mettre vraiment en avant l'institution, le collectif. Si tu travailles tout seul dans ton coin, tu ne réussiras pas. Pour cela, il faut se nourrir de ce qui se fait à côté, il faut s'entraider entre collègues.

Je leur donne comme exemple ma relation avec Matthis Lebel. Quand il a rejoint le groupe pro du Stade Toulousain, il arrivait le matin tranquillement. J'étais déjà là à faire mes routines, pour être prêt pour l'entraînement. Il m'a vu faire une fois, deux fois, et la troisième, il est arrivé plus tôt pour qu'on se retrouve. Et on a travaillé ensemble. Pour moi, c'est comme cela que tu transmets. Ce n'est pas en disant : « Il faudrait que tu viennes t'entraîner à 8 heures du matin, ça te ferait du bien. » Le mec va te regarder et te répondre : « Tu viens à 8 heures, toi ? » Mais si tu es là, toi, tous les matins à 8 heures, tu n'as même pas besoin de lui expliquer. Il te voit faire. Au début, il va penser que tu es fou, et puis il va finir par venir avec toi pour voir si le fou n'a pas raison. J'explique donc que c'est ainsi que tu peux réussir en entreprise. En groupe.

Monter une entreprise, d'ailleurs, ça me tente. Pour l'instant, je regarde. Sans être péjoratif, lancer un bar ne rentre pas dans mes plans. Parce que j'ai vu ma mère s'occuper d'un bar et combien ça lui prenait de son temps. Aujourd'hui, je sais ce que je ne veux pas. Mais monter une entreprise qui corresponde à mes valeurs, où je peux embaucher et faire évoluer les personnes, ça m'intéresse. Dans quel domaine ? Ça dépendra des opportunités qui se présenteront. Je ne suis pas pressé. La dixième sera peut-être la bonne.

C'est difficile d'être père quand on est sportif de haut niveau

Le rugby est un sport de combat. J'ai donc très peu emmené mes filles assister à mes matchs. Parce que voir leur père tomber par terre, se faire marcher dessus, se faire plaquer fort, être mis K.-O. ou se blesser, ce n'est pas anodin pour des enfants. Je voulais les protéger de ces images. Dans la vie, on ne tombe pas au sol, on ne saigne pas quasiment tous les week-ends, on ne rentre pas avec des bleus partout. C'est un bobo. Et un bobo, pour un enfant, c'est important, c'est grave. Il y avait de l'incompréhension chaque fois qu'elles voyaient ces traces de coups sur moi. Je devais leur expliquer pourquoi, que ce n'était pas grave. Mais je ne voulais pas qu'elles aient en tête des images de chocs, de blessures…

Au début, c'est difficile d'être père quand on est sportif de haut niveau. Car malgré la naissance, ta vie professionnelle, elle, ne change pas. Myla est née le 7 juin 2015, et quelques jours après, je partais pour la préparation à la Coupe du monde. Nos rapports étaient presque inexistants au début. J'étais focalisé sur ma Coupe du monde, sportif égoïste qui part s'entraîner le lendemain de l'accouchement. Pour moi, rien n'avait changé. Le bébé était là, mais je pensais surtout à la compétition.

Et vient la blessure grave dès le premier match contre l'Italie. Je me retrouve donc à la maison. La jambe bloquée par l'attelle, je ne peux pas marcher. Leur mère, qui est désormais mon ex-femme, a besoin de moi pour la soulager, comme tout père le ferait lors d'un congé paternité. Mais je ne peux rien faire. Et comme je ne peux rien faire, elle se retrouve finalement seule à tout gérer.

Pendant deux mois, je ne peux pas me lever la nuit, je ne peux pas donner le bain à ma fille, je ne peux pas la garder tout seul car j'ai besoin des béquilles pour me déplacer. Nous avons donc vécu quelques mois difficiles. Je ne pouvais prendre ma fille dans mes bras qu'en étant assis. Et puis, j'étais déjà dans le processus de me rétablir le plus vite possible pour retrouver les terrains. Je ne dis pas qu'il y a un rejet de cette vie de famille, que j'ai voulue, mais je reconnais que la première année avec ma fille a été complexe…

Mon rôle de père commence vraiment quand je recommence à jouer. Chacun arrive à reprendre sa place, et je me découvre enfin en tant que père. Je partage de vrais moments avec Myla, comme avec Romy. Quand elle est née, trois ans plus tard, le 30 septembre 2018, je devais jouer un match à domicile contre Castres avec le Stade Toulousain. Mais la nuit précédente, ma femme me dit : « Là, il faut aller à la maternité. » J'appelle Ugo Mola pour lui annoncer que je ne vais pas pouvoir jouer.

J'étais déjà, mentalement, dans la préparation de ce match. Parce que, quand on est un compétiteur, c'est comme ça. Il y a une grosse rivalité avec les Castrais, et je tenais à disputer cette rencontre. Romy naît dans l'après-midi, et Toulouse perd contre Castres. Sans moi. Le club est alors dans une période où ça ne va pas trop. Fin octobre, je pars pour la tournée d'automne du XV de France. En janvier, je suis retenu pour le Tournoi des Six Nations. Avec Toulouse, on termine la saison 2018-2019 champions. Et, fin juin, je pars en préparation pour la Coupe du monde. Donc, je n'ai pas été trop là non plus pour la première année de ma deuxième fille.

Je pars souvent avec le Stade Toulousain et l'équipe de France. Et ce plus de dix mois dans l'année. Aussi, quand je suis là, j'essaie de leur donner le plus possible, je suis avec elles à deux cents pour cent. Dès que j'ai pu remarcher sans béquilles, j'ai fait toutes les nuits de Myla. Pareil avec Romy. J'ai adoré faire toutes les nuits de mes enfants. Se lever en pleine nuit. C'était dur le matin quand le réveil sonnait pour aller à l'entraînement. Mais quel bonheur d'avoir partagé tous ces moments-là avec elles.

Toutes ces absences ont commencé à peser. Je m'aperçois que je ne suis pas souvent à la maison, que je rate beaucoup de choses. Ma carrière est importante. Depuis l'âge de 6 ans, je me donne à fond et je n'ai pas envie de passer à côté des quelques années qu'il me reste à jouer. Je sais que ce temps passé loin de mes filles, je ne le rattraperai pas, mais je me dis que j'aurai beaucoup de temps à leur consacrer après. Quand je compare avec les gens qui partent au boulot à 7 heures et rentrent à 20 heures, ils ne voient pas beaucoup leurs enfants non plus.

J'essaie de relativiser un peu. Et d'être impliqué totalement auprès d'elles quand je suis présent. De jouer le plus possible avec elles, de les emmener à l'école le matin. De les garder auprès de moi chaque fois que c'est possible. Je ne voulais pas qu'elles viennent aux matchs, mais elles m'accompagnaient régulièrement à la récupération. Le mercredi, elles venaient souvent passer la journée au stade avec moi. J'essayais de leur faire comprendre mon quotidien, de leur montrer que papa travaille dur pour leur offrir le maximum.

L'anniversaire de Myla, je l'ai rarement fêté à ses côtés pendant quelques années. En juin, j'étais souvent parti en tournée. Ce ne sont pas des moments faciles à vivre. Elles ont compris que je travaillais beaucoup, que j'essayais de faire au mieux et ne m'en ont pas voulu. Elles ont la chance que je gagne bien ma vie. On a pu faire de beaux voyages pour compenser.

Quand on me demande des selfies, que je dois lâcher mes filles pour poser avec d'autres personnes, au début, elles se sont interrogées, m'ont posé beaucoup de questions. Et elles ont compris que leur père passait à la télé tous les week-ends ou presque. Elles étaient contentes chaque fois que je gagnais un match. Et quand j'avais perdu, en rentrant à la maison, je faisais en sorte que ça n'ait pas de répercussions sur ma vie de famille. Car si, en plus, quand tu perds, tu n'es pas vraiment là non plus, que tu rumines ta déception, ça fait beaucoup. J'essayais d'être le plus neutre possible, de contrôler mes émotions. Tu ne peux pas rentrer euphorique parce que tu as gagné le match. Elles ne comprendraient pas. A contrario, après une défaite, tu ne peux pas rentrer et t'enfermer en faisant la gueule pendant vingt-quatre heures. Tu ne peux pas ne pas avoir envie de sortir si elles en ont envie parce que, toi, tu as perdu un match…

Je dois trouver des activités adaptées au tempérament de ma dernière, Romy, toujours très active. Elle ne regarde jamais la télévision. C'est très bien, d'ailleurs. Mais il faut toujours l'occuper. Et je ne suis pas encore parvenu à trouver une activité, un sport, qui l'intéresse vraiment. Parce que, si ce n'est pas le cas, elle lâche vite. Elle s'ennuie et se met à embêter tout le monde. En plus, elle est mauvaise joueuse. Elle peut s'agacer fort si elle perd. Elle déteste perdre, même avec sa sœur. Qui, elle, la laisse gagner. Ce que je ne veux pas. J'essaie de leur inculquer l'esprit de compétition. Si la petite doit gagner, OK, mais il ne faut pas la laisser gagner. Tant pis si elle se met à sauter sur tout le monde parce qu'elle a perdu. Comme dans toutes les familles où le deuxième essaie de faire sa place en poussant un peu les murs. J'étais comme Romy quand j'étais gamin. Et ma sœur était comme Myla. Elle me laissait gagner pour s'épargner mes colères. Je prenais beaucoup de place…

Nous partons vivre à Ibiza tous les quatre

Je vis une fin de carrière classique pour un sportif de haut niveau. J'arrête le rugby et… je divorce. Je me suis posé la question de cette séparation avec mon ex-femme, Fanny. Et l'arrêt du rugby y a beaucoup contribué. Les trois mois qui ont suivi ma fin de carrière ont pesé. Je suis sorti du groupe de joueurs, de la vie du club. La rentrée arrive et chacun reprend sa vie. La mienne a radicalement changé. Je ne vais plus à l'entraînement. Quand les copains continuent leur quotidien de rugbyman, toi, tu restes à la maison. J'y attends que ma formation, mon Master, débute.

Avec ma blessure au tendon d'Achille, je suis chez moi vingt-quatre heures sur vingt-quatre, ou presque, d'avril à septembre 2021. Ça change radicalement alors que, pendant des années, j'étais parti de chez moi plus de la moitié de l'année. Je sens que ça crée des problèmes. Et je comprends rapidement que le mal est plus profond. Qu'après douze ans de vie commune et de mariage, le point de non-retour est atteint et qu'il faut arrêter la casse…

Fanny et moi, nous nous sommes rencontrés en 2010 par l'intermédiaire d'une amie commune. Elle pensait que nous allions bien nous entendre et nous a mis en relation.

Au début, on s'est surtout écrit car j'étais en plein Tournoi des Six Nations. À l'issue du Tournoi, notre amie a organisé un dîner et ça a bien matché. Fanny habitait Paris mais était originaire de l'Aveyron. Nous avons fait les choses dans l'ordre. D'abord, nous avons voyagé, c'est important pour découvrir l'autre, se connaître. Puis nous nous sommes installés ensemble à Toulouse, où elle m'a rejoint. Nous avons alors fait construire notre maison. Et nous nous sommes mariés le 5 juillet 2013.

Nous ne voulions pas d'un gros mariage, juste la famille et les amis. Nous voulions profiter de ce jour-là, de chaque personne. Ce fut le cas. Nous avons pu partager ces trois jours avec tous nos proches. Le mariage a eu lieu à la Mairie de Toulouse, la réception à côté de Bordeaux, dans un château, pour que tout le monde puisse passer du temps ensemble et profiter. L'année suivante, Fanny a arrêté l'émission « Le Juste Prix », qu'elle coanimait avec Vincent Lagaf' depuis 2009. Deux ans après notre mariage, le 29 juin 2015, Fanny a donné naissance à notre première fille, Myla. Ce n'était pas forcément prévu aussi rapidement. Je suis alors en pleine préparation de la Coupe du monde. C'était pesant de partir à ce moment-là. Mais dans la vie on ne choisit pas toujours…

La grande force de mon ex-femme, c'est qu'elle ne connaissait pas grand-chose au rugby. J'avais une routine. Je l'appelais avant chaque match pour savoir si elle allait bien, si les enfants allaient bien. Je parlais aux enfants. Mais elle ne regardait jamais mes matchs. Aussi, quand je rentrais à la maison, que j'aie été bon, moyen ou complètement nul, elle m'apportait toujours son soutien. Je n'étais plus

Yoann Huget le joueur de rugby, mais simplement moi. Je n'avais pas envie de la mêler à ma carrière, mes matchs, mes performances. Avec elle, c'était comme s'il n'y avait pas eu de match, de victoire ou de défaite. Et c'était très bien. Dans les deux sens.

Nous avons eu notre seconde fille le 30 septembre 2018. Peu après, je pars pour la tournée d'automne. Je suis absent un gros mois. Puis, en janvier, je repars pendant près de deux mois, cette fois pour le Tournoi des Six Nations. Ensuite, il y a des stages pour préparer la fin de saison avec le Stade Toulousain. Et nous sommes champions. À peine le temps de fêter le titre que je démarre la préparation pour la Coupe du monde 2019. Cette année-là, mes absences sont équivalentes à celles d'un militaire en carrière. On vient d'avoir un bébé, et je suis absent six ou sept mois…

Quand je suis rentré de la Coupe du monde au Japon, j'ai senti tout de suite que Fanny était à bout de souffle. L'équipe de France étant terminée pour moi, j'ai donc essayé de prendre le relais comme je le pouvais. Mais je jouais encore avec le Stade Toulousain, et elle avait besoin de reprendre sa vie. Nous nous étions progressivement éloignés. Arrive alors le Covid. Le confinement aurait pu nous rapprocher, mais il n'a pas eu cet effet-là. Elle avait envie de prendre l'air, de retrouver son rôle de femme, alors qu'à l'inverse, moi, comme j'étais souvent parti, je me faisais une joie de retrouver le cocon familial. Nous n'étions plus en phase.

Au cours de l'été 2021, nous partons pourtant tous les quatre loin de Toulouse pour tenter une nouvelle vie.

Ma carrière de joueur terminée, je veux couper, profiter enfin de ma famille. J'ai raté beaucoup d'anniversaires de mes filles en étant en déplacement, et c'était assez lourd à vivre. Nous décidons donc de partir deux ans pour nous retrouver en famille. Nous avons au départ porté notre choix sur Dubaï. Mais comme je suis en même temps un Master au Centre de droit et d'économie du sport à Limoges, il faut partir moins loin. Ibiza est donc le bon compromis.

Mais là-bas, ça ne se passe pas bien. Je me rends vite compte que nous ne sommes pas sur la même longueur d'onde. Fanny s'imaginait que j'allais rester tout le temps avec les enfants à la maison. Comme je viens de démarrer mon Master, je dois rentrer en France une semaine par mois. Plus quelques déplacements pour des événements liés à la Coupe du monde 2023. Je me laisse prendre au jeu, et ça devient difficile car, finalement, je ne suis pas si souvent que cela à la maison. Comme c'était déjà tendu entre nous deux, ça n'a rien arrangé à la situation. Au contraire. Je trouve de mon côté qu'elle part un peu trop souvent avec ses copines. À un moment, je ne l'accepte plus trop. Ça ne correspond plus à notre projet, à notre volonté initiale de nous servir de ces deux années à Ibiza pour repartir de zéro.

Je sens également que ma présence pèse à la maison. Je suis passé de tout le temps absent à des semaines entières H24 à notre domicile. J'en profite car je sais qu'avec la Coupe du monde qui approche, je vais encore être beaucoup absent. Ma fille aînée intègre une école anglaise, et ce n'est pas évident pour elle. J'essaie d'être là pour elle, de l'emmener tous les matins à l'école, de faire ce qui est nécessaire. Mais rapidement la situation se tend. Dès le mois d'octobre, nous commençons à envisager d'arrêter. Et en décembre 2021, nous prenons la décision de nous séparer.

J'accepte que nos filles finissent l'année scolaire à Ibiza. Après, le mieux sera que tout le monde rentre en France. C'est à ce moment-là que les problèmes commencent. Mon ex-femme veut rester à Ibiza, et moi je veux voir mes enfants. Je fais des allers-retours pendant des mois. Mais au bout d'un moment, chacun campant sur ses positions, il devient clair que nous allons avoir du mal à nous arranger à l'amiable. Ça finit donc par exploser. Je me retrouve à gérer un divorce en plus de ma fin de carrière. Tout ce qu'on voulait éviter se produit.

Douze années de ma vie réduites à néant

J'ai découvert alors, sans transition ou presque, l'autre côté de la vie. Si à ce moment-là tu n'es pas doté d'une force de caractère, tu peux vite plonger. Douze années de ma vie sont réduites à néant. Et je me retrouve du jour au lendemain tout seul à Paris, où j'ai désormais mes activités. Quand tu passes d'une maison, en famille, à un appartement T2, tout seul, dans une ville où tu connais peu de gens, privé de ton cercle d'amis, de tes proches, le choc est fort. C'est violent et déstabilisant. Même si je ne regrette pas ce choix.

Mais je sais que je dois avancer. Je me demande alors ce que je vais faire. C'est clairement la question. Quel va être mon avenir ? Bien sûr, je travaille à mon diplôme. Mais ça ne prend pas tout mon temps, et tant que tu ne l'as pas, tu te demandes ce que tu vas bien pouvoir faire ensuite. C'est là que le sport et le caractère forgé pendant des années m'ont permis d'aller de l'avant. J'ai commencé progressivement à me reconstruire. Comme après une grave blessure, en fait. Il y a l'opération puis la rééducation, avant de pouvoir recourir normalement…

Je ne suis pas du genre à perdre mon temps. J'ai presque une phobie de ça. Je prends toujours le taureau par les cornes. Alors je fais pareil quand ça ne va pas sur le plan personnel. Je prends des décisions radicales pour avancer. Le fait d'avoir tout achevé en même temps, ma carrière sportive et ma vie privée, m'a certainement permis d'avancer un peu plus vite que d'autres.

Nous avions décidé avec mon ex-femme d'aller vivre cette expérience en famille à Ibiza. Et donc, maintenant, on fait quoi ? Quelle est la solution ? J'ai fait le nécessaire pour faire rentrer mes filles en France. Pour moi, ce n'était pas une vie de toute façon. C'est une vie quand tu as fait ta vie. Quand tu pars à la retraite, tu fais tourner le globe et tu tombes sur Ibiza, Marrakech, le Portugal ou ailleurs.

Mon ex-femme n'était pas d'accord pour revenir en France. Et son refus allait m'empêcher de voir mes filles au quotidien, alors que j'étais prêt à les garder avec moi. Elle ne voulait pas quitter Ibiza. Pourquoi devais-je être privé de mes enfants pour son choix de vie ? Un choix de vie dont tout le monde rêve, certes. Mais il n'y a pas d'opportunité de travail pour moi là-bas. Or nous devons assurer la sécurité financière de nos enfants et leur offrir la meilleure éducation possible. C'est-à-dire être présents à leurs côtés. Je n'ai pas demandé la garde de mes filles en pensant à moi ou en voulant les priver de leur mère, mais en pensant à elles.

Mes filles ne pouvaient pas rester deux ans de plus à Ibiza. Nous leur avions donné l'opportunité d'apprendre et de parler couramment trois langues : le français, l'anglais et l'espagnol. C'est une expérience de vie à laquelle je tenais. Nous pouvons être fiers de ça, mon ex-femme et moi. Quand on voyage, elles ont des facilités à se faire des copines. Mais je me suis battu pour les faire rentrer et s'installer à Paris car le plus important reste leur langue maternelle. Qu'elles maîtrisent parfaitement le français en allant à l'école en France. Ma grande est rentrée en CE2. Elle avait besoin d'apprendre à écrire et à lire le français. C'était le moment pour elle de rentrer en France. Les juges en sont convenus puisqu'ils m'ont accordé la garde. Mon ex-femme avait fait une proposition au juge, j'en avais fait une autre. Et c'est la justice qui a décidé laquelle était la meilleure pour Myla et Romy. J'obtiens donc leur garde le 30 août 2023, à quelques jours seulement de la rentrée scolaire. Et de la Coupe du monde de rugby…

Myla et Romy m'ont donc rejoint à Paris. Il a fallu que je leur trouve en urgence un établissement scolaire pas loin de chez nous. J'ai vécu un mois de septembre 2023 surchargé. J'avais la tête sous l'eau, en ajoutant à mes obligations liées à la Coupe du monde ce divorce conflictuel et l'organisation de la garde de mes filles. Côté emploi du temps, c'était rock'n'roll. Mais malgré tout, j'ai réussi à être présent auprès de mes enfants dans cette période délicate pour elles.

C'était vraiment un changement de vie complet entre Ibiza et Paris. J'ai réorganisé tout mon planning autour d'elles, pour pouvoir les amener à l'école tous les matins, aller les chercher tous les soirs. Et entre les deux, j'ai calé tout ce que j'avais à faire. J'ai réussi à m'en sortir en ne m'absentant que trois nuits pendant toute la Coupe du monde. Pour les matchs à Marseille, j'ai tout tenté pour essayer de rentrer le soir même, mais c'était impossible.

Je prenais donc le premier train le matin. Pour arriver éclaté de fatigue.

Je savais que ce rythme complètement fou n'allait durer que deux mois. Alors j'ai baissé la tête, même si ce n'était pas évident les jours où je me couchais à 3 heures pour me lever à 6 heures... C'était une sacrée expérience. Durant ces mois où j'étais surmené, je profitais de chaque transport, de chaque quart d'heure, dans le taxi, l'avion, le train, pour dormir et récupérer un peu. Quand je suis avec elles, tout se passe vraiment bien. J'ai fait en sorte de pouvoir les recevoir au mieux à Paris. Où je dois rester tant que je n'ai pas de proposition concrète et intéressante ailleurs. En attendant, le travail se trouve à Paris, avec les médias, entre autres.

Je suis un être humain. Parfois, j'ai eu envie de baisser les bras, de dire « OK, je vais faire comme la grande majorité des pères : payer la pension alimentaire, payer et payer encore, pour ne voir mes enfants que pendant les vacances ». Mais la raison reprenait rapidement le dessus. Chaque fois. Je ne suis pas un père de week-end, je ne suis pas un père de vacances. C'est ce que j'avais expliqué au juge des affaires familiales. Je voulais être présent dans le quotidien de mes enfants. Je ne voulais pas fuir mes responsabilités. Le plus important, c'est que je puisse tenir mon rôle de père et que mes filles aient de bonnes notes à l'école.

J'assume ce choix, parce que c'était le bon pour elles. Et peu importe les conséquences sur ma vie. Je n'avais plus de liberté. J'étais toujours en train de courir. Quand, parfois, je faisais une intervention en entreprise le soir, j'allais d'abord les chercher à l'école, puis je faisais les devoirs avec elles.

Comme je l'ai toujours fait. Et après les avoir couchées à 20 heures, je les laissais avec la nounou pour répondre à mes obligations, créer et entretenir mon réseau. Ça ne prend pas beaucoup de temps, mais beaucoup d'énergie, en revanche. Je n'arrêtais pas de bosser, de 9 heures à 22 h 30, et quand je rentrais, je ne dormais pas tout de suite. Il fallait que je prépare les affaires et le petit déjeuner pour le lendemain. Il n'était pas rare que je me couche à 2 h 30 du matin pour me réveiller à 6 h 30. C'était rythmé !

Au cours de l'année scolaire, tous les matins, je prenais un peu de temps avec mes filles. Je ne leur mettais jamais la télévision. On petit-déjeunait et on discutait. Puis c'était le quart d'heure de lecture obligatoire, même si elles râlaient un peu. Comme ma grande fille, qui parle espagnol et anglais, avait en revanche du retard en français, je lui avais pris un professeur particulier. Je sais qu'avec cela je n'avais pas le bon rôle, mais c'était mon devoir de père. Mes filles ont toujours été mon moteur. J'ai veillé à les éduquer, à leur faire comprendre que, dans la vie, d'abord on travaille, et ensuite on s'amuse. On ne peut pas prendre de plaisir si on ne travaille pas. Après, seulement après, on peut partir en voyage ou à Disney… Elles savent que, si elles ont bien travaillé à l'école, elles profiteront derrière.

Puis je déposais mes enfants à l'école à 8 h 15 et je partais courir au bois de Boulogne. C'est un moment que je prenais et que je prends encore pour moi. Il me permet de décharger toute la pression. Je cours au moins une heure, sans musique, sans rien. Je déclenche le chrono. Comme je suis resté compétiteur, j'essaie chaque fois de l'améliorer.

Je me dis parfois : « Pars sans ta montre… » Mais je n'y arrive pas. Je n'arrive pas à me dire que je vais courir juste pour le plaisir. Si je fais cinq kilomètres en vingt-quatre minutes, je veux descendre à vingt-trois. Et quand j'atteins les vingt-trois minutes, je veux descendre à vingt-deux… Je sais bien que c'est intense, mais je ne peux pas m'en empêcher.

Cette heure-là, c'est la bouffée d'oxygène que je m'octroie. Je coupe le portable, ce moment n'appartient qu'à moi. Personne ne peut me l'enlever. C'est ce que j'apprécie. Après cette séance de sport, j'ai toujours les idées plus claires. Je vois les choses différemment. Après une heure à courir, les gros soucis sont devenus des petits soucis. Je parviens à faire le vide quand je cours, surtout quand je rentre dans le second souffle, que je vais chercher et où il faut tenir. Mais à l'arrivée, tu as quand même trouvé des solutions à tes problèmes. C'est un besoin. Ça me permet d'évacuer la pression du quotidien. Et de garder toujours le sourire.

C'est nécessaire de sourire, c'est même obligé. Je fais désormais des activités de représentation. L'apparence, l'image sont essentielles. Les gens en face de toi n'ont pas à savoir ce qui se passe de l'autre côté. Quand je participe à des séminaires, des conférences, je me dois d'être souriant et avenant. Quand tu as des problèmes, ils doivent rester chez toi lors de ces interventions.

En août 2023, j'ai couru le Marathon pour tous des Jeux olympiques de Paris. Sans m'entraîner. Je cours deux ou trois fois par semaine, entre une heure et une heure et demie à chaque fois. Je pensais donc que ça suffirait. Je suis passé en une heure quarante au vingt et unième kilomètre. Jusqu'au trentième, j'étais bien. Mais après… J'ai remis toute ma vie en question pendant les deux heures passées à boucler les douze derniers kilomètres. J'ai pris de plein fouet le fameux mur dont on m'avait tant parlé. Je n'en pouvais plus. Je n'ai pris aucun plaisir. J'en étais arrivé à ne plus supporter les cris de joie des autres participants et du public, en particulier sous chaque pont. C'était horrible. Je n'avais vraiment plus rien dans les jambes. J'ai eu mal ensuite pendant deux semaines. Les premiers jours, marcher était un supplice…

Pour répondre aux moqueries de mes filles, je participe à « Fort Boyard »

La grande m'avait lancé un défi : « Papa, jamais tu n'oseras participer à "Fort Boyard" ! » Sa sœur et elle savent ma phobie pour certaines bêtes : les insectes, les serpents et même les oiseaux. Aussi, quand j'ai reçu l'invitation de l'émission, j'ai répondu oui tout de suite. Quand je leur dis que j'y vais, elles sont persuadées que ce n'est pas vrai. « Tu as trop peur de tout, Papa ! » Et quand elles ont vu l'émission, elles se sont moquées de mes réactions. Comme tout le monde, d'ailleurs. Mais ça fait partie du jeu.

Je leur ai envoyé des photos quand j'étais là-bas. Elles n'en revenaient pas. Puis elles m'ont vite branché avant la diffusion. Genre : « Tu as peur des cafards, tu as peur des mouches, t'as raté toutes les épreuves… » Mais quand elles ont vu l'émission, elles étaient fières. « Waouh, Papa, tu as battu le gros monsieur ! Tu as été trop fort ! T'es tombé dans l'eau, tu as plongé, tu as fait une cabriole ! » Elles étaient ravies, avec des sourires émerveillés. Dès lors, elles m'ont lancé un autre défi à relever, une autre émission.

Sans leur envie que je participe à « Fort Boyard », je crois que je n'aurais pas accepté. Mais le fait qu'elles veuillent se moquer de moi, ça m'a agacé. Il fallait que je le fasse. Je l'ai regretté lors de la séquence du téléphone avec les mouches et les cafards qui me tombaient sur la tête. Pour rien au monde je ne serais rentré dans cette pièce si les filles ne m'y avaient pas poussé. Cette épreuve a été horrible. Je ne pouvais pas rester dans la cabine. Chaque fois que je sortais, je me prenais un coup. À la fin, je saignais à force de me cogner. Mais je ne pouvais pas m'en empêcher. Le pire, c'est que je voyais ce qui tombait sur la tête de ma camarade de jeu, Anne Sila, dans l'autre cabine. Ça me rendait fou. Et quand j'ai vu le serpent tomber à son tour, je me suis dit : « Là, ce n'est plus possible, ils vont trop loin, je sors de cette pièce infernale. Je ne suis pas fait pour ça ! »

Ils sont très forts, dans cette émission. Ils savent jouer avec tes nerfs. Tu arrives le matin sur le fort, mais le tournage du jeu ne commence qu'en fin de journée pour se terminer à 23 heures. Tu as stressé pendant des heures à te demander ce qui allait t'arriver, quelles épreuves t'attendaient. Et tu es mort quand tu les abordes. Après être allé dans l'eau, qui n'était vraiment pas chaude, avoir mangé des trucs bizarres, je me suis retrouvé dans cette pièce, c'était trop ! Ils le savaient.

Au début, ils nous ont fait croire que c'était Robert Pirès qui allait participer à cette épreuve. Ils lui ont même dit d'aller se préparer. Bien sûr, j'ai commencé à le brancher : « Là-bas, tu vas mourir, tu vas te prendre un tas de bestioles sur la tête ! » Et puis, d'un coup, ils disent : « Non, en fait, Robert, toi, tu vas faire l'épreuve du surf. » Mais ce n'est pas ce qui était convenu ! Et là, Passe-Partout m'attrape par le bras, attrape Anne Sila et nous dit : « C'est pour vous. » Je me souviendrai toute ma vie de cette seconde où il m'annonce que c'est pour moi.

Quand il ouvre la porte et que je vois ces grosses mouches qui volent partout, c'est aussitôt le malaise. Tu ne peux pas parler, sinon elles te rentrent dans la bouche. Elles te rentrent dans les oreilles. L'horreur absolue ! Puis les cafards, énormes eux aussi, s'accrochent sur toi, dans tes cheveux, partout… Et le Père Fouras te parle au téléphone, et toi, tu n'entends rien tellement tu es conditionné par l'environnement, les bestioles qui tombent dans tous les sens. À ce moment-là, tu as beau croire que tu es costaud psychologiquement, tu te rends compte que tu es fragile. Tu te mets à hurler sans pouvoir t'en empêcher, sans réussir à te raisonner. Mais c'est une belle expérience. Ça reste un très bon souvenir. Et puis on joue pour une association, c'est ça, le plus important.

J'en ai d'ailleurs profité pour expliquer à mes filles ce que faisait celle pour laquelle nous avions joué, Premiers de cordée. Cette association organise, entre autres, chaque année un gros événement au Stade de France – « mais c'est là où tu jouais, Papa » m'a aussitôt dit la plus grande, quand je les y ai emmenées, toute fière de fouler la même pelouse que moi – en faveur d'enfants dont le quotidien n'est pas facile. Elles ont essayé des activités, dont celles pour des enfants handicapés, comme le rugby-fauteuil. Elles sont sorties grandies de cette journée parce qu'elles ont vu des enfants de leur âge vivre avec différents handicaps. Elles ont ainsi pu mesurer la chance qui était la leur. Que certains enfants n'avaient pas tous les jours la vie aussi facile et joyeuse que la leur.

Je me suis rapproché de cette association, Premiers de cordée, parce que, quand le handicap ou la maladie touche les enfants, c'est tellement injuste et dur à accepter. Si je peux les aider un peu en donnant de mon temps, c'est la moindre des choses que je puisse faire. Je participe souvent à ces actions car j'apprends beaucoup plus à leur contact que je ne leur apporte. Quand je vois la force de caractère de ces enfants, j'en ressors en ayant la conviction que chaque événement de ta vie est surmontable. Leur optimisme m'interdit de me laisser abattre par les contrariétés du quotidien.

Je suis en train de reconstruire ma vie et d'autres choses arrivent

C'était dur pour mon ex-femme d'avoir perdu la garde de nos filles, même s'il aurait suffi qu'elle mette sa vie en adéquation avec ce dont elles ont besoin. Ce qu'elle a finalement accepté de faire, au bout de cinq mois, en revenant à Paris. Elle prenait les enfants le week-end.

À défaut d'avoir réussi notre mariage, j'espérais que nous allions au moins réussir notre séparation. Mais nous sommes, à tort, sans doute, restés tous les deux obtus, avec deux positions radicalement opposées. J'ai donc fini par mettre de l'eau dans mon vin. Au bout d'un moment, il faut lâcher du lest. J'ai également une vie, et je ne peux pas me battre sans arrêt. J'ai accepté qu'elle reparte, lors de l'été 2024, avec nos filles à Ibiza. Et mon ex-femme a accepté un divorce à l'amiable. Les filles sont contentes. Elles ont retrouvé leur quotidien et tout est rentré progressivement dans l'ordre.

Pendant cette année vécue rien que tous les trois à Paris, nous avons développé une vraie complicité. Nous avons passé une année riche en sorties culturelles. Je les ai emmenées dans tous les musées possibles, à des premières au cinéma, au théâtre pour la première fois de leur vie.

Nous avons visité des monuments… Nous avons passé de bons moments. Car Paris est une ville magnifique. Quand tu y habites, tu vois d'abord le mauvais côté des choses : les embouteillages, la pollution, la grisaille, les difficultés de transports. Mais, de l'autre côté, tu peux tout faire à Paris. Ceux qui sont partis en province parce qu'ils en avaient marre, comment occupent-ils leur temps libre maintenant ?

Comme je l'ai dit, je ne suis pas un père de week-end, de vacances. Je me suis battu pour les avoir près de moi. Je voulais être partie prenante de leur vie. Mais force est de constater que, parfois, il vaut mieux abdiquer. On ne peut pas se battre *ad vitam æternam*. Il en va du bien-être familial, et aussi de mon bien-être psychologique. Les filles m'ont dit qu'elles voulaient retourner vivre à Ibiza. Elles ont fait ce choix en leur âme et conscience, en sachant – je leur ai expliqué – qu'avec mon travail à Sud Radio, je ne pourrais pas faire des allers-retours, qu'on se verrait moins, que je ne serais pas trop présent.

Ce n'est pas une décision évidente pour moi car je suis très proche de mes enfants. Mais j'accepte qu'elles aient envie d'être avec leur mère. Je ne pouvais pas non plus continuer à mêler tout le monde à mes problèmes. C'était devenu trop complexe, même pour mes filles. J'ai retrouvé une vie plus tranquille.

Je leur ai montré autre chose, je leur ai donné des clés. Mais c'est bien qu'elles aient leur mot à dire. Alors je leur ai posé la question : voulaient-elles rester à Paris ou repartir à Ibiza ? Elles ont préféré Ibiza. Elles ont besoin de stabilité. Il en fallait un qui lâche. Tout le monde a retrouvé la paix, la sérénité. J'y suis allé quelques jours pour être avec elles pour leur rentrée scolaire, fin août 2024. Et elles viennent chez moi à Paris pour les vacances.

Cette période agitée m'a cependant coûté l'opportunité de revenir au Stade Toulousain. Il y a eu des discussions avec le président Didier Lacroix, le manager du haut niveau Jérôme Cazalbou et le manager sportif Ugo Mola. Ils m'ont tendu la main pour un poste en lien avec les joueurs et l'administratif. Revenir près du terrain, c'était prématuré. Je suis encore trop proche des joueurs, du vestiaire. À la cantine, je ne saurais pas si je dois m'asseoir avec le staff ou avec les joueurs, mes potes que je n'ai pas vus depuis quelque temps et avec lesquels j'ai envie de partager quelques blagues.

Mais je ne pouvais pas laisser mes filles à Paris avec une nounou pour multiplier les rendez-vous à Toulouse. Le train est passé, et je l'ai raté. Le Stade est une entreprise qui se structure, qui avance. Ses dirigeants ne pouvaient pas attendre l'issue de ma situation familiale pour se décider. Ce que je comprends. Peut-être que ça se fera un jour, que j'aurai cette chance. La porte n'est pas fermée.

Si on m'avait dit que j'habiterais aussi longtemps à Paris… Ça fait maintenant un peu plus de deux ans que j'y vis. J'ai la chance de posséder une maison au Pays basque. Quand Paris devient un peu trop étouffant, je pars m'y ressourcer une semaine ou deux. Mais pendant l'été 2024, je n'y ai pas mis un pied. J'ai adoré Paris pendant les Jeux olympiques. Avoir vécu au cœur de cette effervescence, c'était extraordinaire. Les gens, l'ambiance, les facilités pour se déplacer, la découverte de sports et de champions. Et de Paris à vélo !

Sinon, Paris, c'est difficile. Pas seulement parce qu'il n'y a pas trop de soleil. Mais c'est l'endroit où il faut être si tu veux évoluer professionnellement. Être à Paris offre beaucoup plus d'opportunités de rencontrer des gens. Ma mère me pose la question tous les jours : quand est-ce que tu reviens à Toulouse ? Je ne sais pas. Je ne suis retenu par rien et j'aime cette vie. J'aime être libre et pouvoir saisir les opportunités qui se présentent. Et je ne laisse rien passer.

Rien n'arrive par hasard dans la vie. Mon Master en droit économique et sportif avait pour spécialisation le développement de la marque. Et j'ai investi, il y a quelques mois, dans une marque de Pilates, de yoga et de fitness, Snake & Twist, qui a vocation à être développée en France et à l'international. Il y a quatre établissements à Paris. L'objectif, désormais, est de franchiser cette marque.

Je suis en train de reconstruire ma vie et, j'en suis certain, de nouvelles choses vont arriver…

Repères

Clubs

Sporting Club Appaméen, 1993-2001
Stade Toulousain, 2001-2008
SU Agen, 2008-2010
Aviron bayonnais, 2010-2012
Stade Toulousain, 2012-2021

Statistiques par club

SU Agen : 53 matchs, 16 essais
Aviron bayonnais : 36 matchs, 17 essais
Stade Toulousain : 170 matchs, 59 essais

Statistiques par compétition

Top 14 : 160 matchs, 61 essais
Pro D2 : 53 matchs, 16 essais
Champions Cup : 39 matchs, 13 essais
Challenge Cup : 7 matchs, 2 essais
Total : 259 matchs, 92 essais

Statistiques en équipe de France

Première sélection : 20 novembre 2010 contre l'Argentine
Dernière sélection : 20 octobre 2019 contre le pays de Galles, quart de finale de la Coupe du monde au Japon
62 sélections (dont 54 comme titulaire), 14 essais

Composition et mise en pages
Nord Compo à Villeneuve-d'Ascq